美好

一辈子
只为一颗珍珠

王雪娇 —— 主编
美好・SHU —— 著

GUANGXI NORMAL UNIVERSITY PRESS
广西师范大学出版社
·桂林·

YIBEIZI ZHI WEI YIKE ZHENZHU

图书在版编目（CIP）数据

一辈子只为一颗珍珠 / 美好·SHU 著．—桂林：广西师范大学出版社，2017.9

（美好书系）

ISBN 978-7-5598-0229-3

Ⅰ．①一… Ⅱ．①美… Ⅲ．①沈志荣—传记 Ⅳ．①K825.38

中国版本图书馆 CIP 数据核字（2017）第 217744 号

广西师范大学出版社出版发行

（广西桂林市中华路 22 号 邮政编码：541001
网址：http://www.bbtpress.com）

出版人：张艺兵

全国新华书店经销

长沙鸿发印务实业有限公司印刷

（湖南省长沙县黄花镇黄垅村黄花工业园 3 号 邮政编码：410137）

开本：889 mm ×1 194 mm 1/32

印张：5.625 插页：1 字数：100 千字

2017 年 9 月第 1 版 2017 年 9 月第 1 次印刷

定价：45.00 元

“你笑什么，我老家的人都说，月亮一下山，月亮公公月亮婆婆就生气，一生气就一定要砍树，那些树屑掉下来，被河里的河蚌张口吃掉，就变成蚌壳里的珍珠了。”

引言　月桂树的传说

再过一年，沈志荣就要进入“古稀之年”了，但他的状态比以往任何时候都要好：腰杆挺得笔直，说话声音洪亮，中气十足，年轻时暗藏着锋芒的一双锐眼，如今透着由心而发的温润平和，不过还是和年轻时一样爱笑，笑起来云开月霁，豁然开朗。

4月江南，韶光正盛。我们去见沈志荣时，欧诗漫的珍珠白系列化妆品广告，正通过各个视频平台热播。从欧诗漫成立至今，一晃50年，如今追剧追得如痴如醉的年轻人，大约都不知道这个年轻洋气的品牌和它的创始人沈志荣，其背后的传奇故事讲起来比任何电视剧都精彩。

欧诗漫的董事长办公室面积并不大，但是朝阳一面开了一排窗。沈志荣不习惯拉窗帘，他喜欢让阳光洒满房间，让整个空间通透明亮，就像他给欧诗漫描摹的未来：前路通达，一片光明。

我们在办公室等候，听到外面有人疾步如飞，细密急切的脚步声从走廊尽头传来，紧随其后的，是一声爽朗响亮的问候，沈志荣出现在了门口。他的穿着偏休闲舒适，一件基础款的羊毛衫，外罩一件休闲西装，笑容满面，看上去精神头十足，不输任何年轻人。

他笑着往沙发上一坐，很是自在放松。沙发对面是相片墙，那上面的陈列贯穿了他从19岁至今的奋斗历程，青年时代、中年时代，一样的英气勃勃，一样的阳光笑容，只不过，眼前这张阅历丰富的笑脸里，多了一份胸有丘壑的从容。

早些年，有人给沈志荣相过面，说他是“水命”，一生都要做水里的事业，一生都会和水里的事业紧密相连。他听过笑笑。50年，半个世纪，18 250多个日夜，他这大半辈子的奋斗追梦，又岂是这寥寥几句“命格”可以概论的呢？

德清雷甸，杭嘉湖平原北部一个典型的江南水乡村落。多少年来，人们就在这充满自然生命脉动的温润和翠绿中日出而作、日落而息，耕种、采莲、捕鱼，盛满鱼虾莲藕的河港湿地，和弥漫蚕花情韵的江南街市，填满了沈志荣的整个童年。

但很多年以来，人们一直不知道，除了桑蚕和丝织，这一带还是一项世界级农业遗产的发源地：南宋时期，一个叫叶金扬的人，首创了附壳（佛像）珍珠养殖方法，由此开始了中国古代珍珠规模化养殖。之后，享受到这个福祉和恩惠的当地民众，在德清一处名叫小山的地方为他建了一座寺庙供奉。

岁月将珍珠浸润得更温润更有光泽，却也将叶金扬和他的技艺深埋在了历史的尘埃中，只留下了一个古老的传说，在幽蓝的长夜星空中飘荡不息。

半个多世纪以前，雷甸的夜空繁星闪烁，天空像缀满钻石的丝绒，美丽得不可方物。劳作了一天的人们，在门口的毛竹棚下铺上草席，并卧乘凉。这是他们一天中最为惬意的时刻，夜幕下，他们以闲聊作为社交的开场和结束，彼此分享、交换生活中的喜怒哀乐。

没有雾霾遮挡，苍穹也不吝于展现出动人心魄的美，无边夜幕蓝得连月亮也被衬得特别透亮，透亮到在地面乘凉的人们用肉眼就能望见月亮上那重重明灭的黑影。看着看着，他们也会遐想那些看不到的，离生活很遥远的天国故事、神仙传说。

沈志荣总爱追着老人问：月亮里为什么有黑影？

老人告诉他，月亮里的黑影，是棵高到看不见天际的桂花树。等到十五月圆，就能看见月亮婆婆和月亮公公，拿锯子不停地锯桂花树，“锯着锯着，月桂树屑就掉下来，落到人间，人间的动物看见了，争着去抢，却只有河蚌张开蚌壳吃掉了这些带着仙气的树屑。天长日久，这些树屑慢慢就变成了美丽的珍珠”。

多年以后，沈志荣还是会经常提起这个影响了他一生的美好传说。无数个晴朗的夜晚，他抬头看着天空中皎洁的玉盘，想象着月桂的风华。满月送走一个又一个，他总是在想：月亮婆婆一锯树，人间的河蚌又在抢月桂树屑了吧？

那一年，沈志荣12岁。后来，轮到他给孙辈讲古，他就告诉他们，净透无瑕、美丽独特、由内而外绽放灵动柔光的珍珠，就是河蚌吃了月桂树屑后才孕育出来的。

“可惜现在的小朋友聪明，说传说不过是传说。”他有些惆怅，那样的情感寄托，在当代已难寻共鸣。

“哈哈，那您自己又是从什么时候开始，意识到河蚌吞仙桂化珍珠，真的只是个传说呢？”

沈志荣没有马上回答这个问题，他摸着下巴微笑，天真狡黠的模样，像个小孩：“那过了很久，很久以后我才意识到，叶金扬才是我们养珠人的仙桂树，他抖落的树屑，让我们这些河蚌，足足结了近千年的珍珠呵。”

夜空下那则充满奇幻、蕴含无数可能的传说，是他珍珠梦的缘起。

目录

19 岁那年的一次邂逅

1967年7月的一个傍晚，夕阳余晖落在德清雷甸的河港和沙洲上。

在水面上忙碌了一天的渔民们，收起网，摇开桨，悠然归去。船桨划开清澈的下渚湖水，荡漾的水波袅袅生圈，被慢慢地留在了身后。

如果没有这天下午的那场相遇，沈志荣或许也会和这里的祖辈们一样，日复一日地摇船、下网，等到再也摇不动船的那一天，就把船和桨传给儿孙，然后坐在夕阳下的家门口，静静地眺望或等待。

然而，看似渔舟唱晚般的悠闲日子背后，是“天下第一苦，摇船打铁磨豆腐。雷甸捕鱼户，一家更比一家苦。荷叶当芦扉，烂泥补船底”的光景。旧时中国民间说法，人生有三苦，撑船打铁磨豆腐，头一个说的就是渔民水上讨生活的艰辛。雷甸渔民的生活，不仅艰辛，还清贫。

一直到20世纪70年代，雷甸都没有通公路，进出只能靠摇橹船。对于雷甸渔民来说，穷日子好像是冬日里仅有的一件旧棉袄，脱都脱不掉。有什么办法呢？毕竟先辈们都这样生活。

迎着夕照，19岁的沈志荣和往常一样，摇着小木船去黄婆漾看守鱼塘。从16岁开始，他就进了雷甸联合养鱼场做学徒工，渔场职工的子女，基本就是这么个出路，“子承父业”，到一定年龄，从学徒工做起，养鱼苗、捕鱼，什么都做，慢慢升到渔工，才算是有了稳定的铁饭碗。

小船摇摇晃晃开到黄婆漾。三年下来，沈志荣摇船已经相当熟练，他一面摇桨，一面深深吸了口气。晌午时分，下过一场小雷雨，空气中还带着淡淡的水腥气。就在这时，他看到了坐在另一艘船头摇橹的熟人。

“叔，怎么提早从嘉兴回来了？”他拉着嗓子招呼。

这艘船从埠外来，划桨的大叔是渔场的老渔工王子成。几天前，渔场接到上级通知：嘉兴地区水产局组织召开“河蚌育珠技术训练班”，要求隶属于嘉兴地区的所有渔场，都要派人参加学习班。按计划，作为思想坚定的业务骨干，王子成也被派去嘉兴学习六天。

王子成有点心不在焉，一直低着头，漫不经心地摇着船。听到招呼声，他才抬起头，眼前这瘦削的英俊小伙，可不是沈志荣嘛。

“回来了。班不开了，就回来了呗。”王子成回应道。

那“河蚌育珠技术训练班”，说是训练班，其实在台上讲授的人也是刚刚开始摸索，谈不上什么实践经验，大家都听得云里雾里。并且，原定六天的学习，只进行了三天，就因为纷乱的时局草草地结束了，在铺天盖地的口号声中，他只能心有余悸地摇着小船，赶紧回了雷甸。

“是嘞，夜饭吃了哇？你看月亮都要上山了。”

两船在河心交汇。

沈志荣说：“没哦，早饿得前心贴后背了。”

“那咋不赶紧去吃点？”

沈志荣：“这不忙嘛，昨儿个刚从杭州回，还没歇口气，今天又干了一天，这会儿着急去看渔场，等歇就去吃。”

两船交错，一老一少在湖面错身而过，背向而行，渐行渐远。

沈志荣并不知道，这天下午的这场普通邂逅，将悄然改变他的命运轨迹，更将改变雷甸贫穷的命运。

就在那天夜里，回到雷甸的王子成，顾不得休整，就把从嘉兴带回来的“培训成果”向渔场干部做了详细汇报。

夏季的星星缀满夜空，充作渔场场部的那间“危房”，已到了墙不挡风、瓦不遮光的地步，月光从破瓦中漏下来，倒比屋里的那盏煤油灯亮。

王子成从嘉兴带回来的东西不多：三张揉得皱巴巴的油印纸、一把医用剪刀、一把镊子、两根铜丝。纸上是珍珠养殖相关的技术资料，一张文字，两张图纸。

嘉兴的培训班，课虽上得语焉不详，王子成自己也听得云里雾里的；但渔场干部的想法很简单：都派你去学了，那就你来搞这个事呗。

“哎哟，那哪行，那哪行。”王子成搓着双手，一个劲儿地摇头，“让我抓鱼还行，养珍珠这种事情，我哪里会摆弄呀。再说，我年纪也大了，眼神不好，这个活还是让渔场的小伙子们弄弄好嘞。”

那谁合适？开会的几个人面面相觑，在脑海里使劲搜索合适的人选。这么僵持了一会儿，场长高阿连喝完两口水发话了：“让渔场的沈志荣来吧。”这时，王子成才想起沈志荣那张英气勃勃、带着热情笑容的脸庞，不是傍晚刚邂逅吗？

在渔场，沈志荣人缘不错，村里人对这个话不多但行事沉稳的小伙子印象普遍很好，尽管沈志荣一家是从绍兴辗转而来的外来户，并不是土生土长的雷甸人。何况他读过小学，懂文化，这在那个时候的雷甸，已经算得上文化人了。

渔场干部合计了一下，都觉得沈志荣合适。于是，第二天，老渔工就把那三张油印纸以及医用剪刀、镊子和铜丝都交给了沈志荣。被分配来一起干这活的，还有渔场另外两个年龄相仿的小伙子。

“你们啥也别干了，先研究研究怎么养珍珠。”老渔工传达领导们的意见。

听了这么多年“月桂树屑掉落人间变珍珠”传说的沈志荣，当时内心充满惊奇：“珍珠，原来不是从月宫掉落的，人工居然也可以培育出这么美的珍珠！”多年以后，沈志荣回忆起那一刻，他说，自己在接过老渔工转交的任务时，就决心探个究竟。

实际上，当年场里把珍珠养殖技术研究任务交给沈志荣他们的时候，并未抱多大希望。毕竟，当时的主要经济来源还是渔场捕捞。他们只是觉得，让年轻人捣鼓一下，是让年轻人多一份成长经验，何况，让他这样一个“倔头”来主事，事情能成也不一定。

“倔头”是整个雷甸对沈志荣的另一个印象，倒不是说他为人任性、倔头倔脑，而是说这个年轻人爱钻研，什么事情到他手里，都要研究出个子丑寅卯来，用场里老人的话说，“那是个能做事的人”。

这种独特个性的形成，同他早年特殊的家庭环境和生活轨迹有关。

沈志荣的幼年生活，充满着动荡、流离、辗转。

沈志荣一直都比较瘦，他说这可能就是小时候长期饿肚子的缘故，发育晚，所以个子也不高。

小时候的沈志荣是一个机灵又能干的孩子，还拥有了远超同龄少年的成熟心智。他很小就懂得了勤奋的意义，他盼望着，能早一点自力更生、独立生存，为改变这个家的生存状况出一份力。

“他不像其他小孩那么冲，是个说真话、办实事的人。”渔场的人觉得这个孩子性格不张扬、低调，谦和有礼，做人方面还通情达理，非常难得。而他自己则说，大概是因为早年困苦，因此很小就学会了控制自己的情绪。

直到现在，渔场老人对当年沈志荣的最深印象，还是“他就没有什么事情是不会的”。十三四岁时，迫于家境，沈志荣不得已辍学，在家帮工之外，就自己琢磨竹工、木工、泥水工这些活计，家里要用的凳子、梁橱、篮子、篓子，都是他自己动手做的。同龄的玩伴，看着他“从哪里捡来些破烂木材，敲敲弄弄就可以做个凳子”，真是觉得神奇极了。

年轻学徒工的水上生活

沈志荣至今清晰地记得，自己刚参加工作时的情景。那是1964年元旦，鹅毛般的大雪纷纷扬扬，一气儿没歇，已经连续下了15天，酷寒把京杭大运河的整个河面都冰封了，举目望去，唯白茫茫一片冰雪雕就的天地。有人去芦苇荡转一圈，能随手捡到两只野鸭子，这些水禽，可能是被冻死了，也可能是因冰封千里找不到食物，饥饿而死。

就算是这个时候，渔场的湖面边缘都结了冰，别人家都蜷缩在温暖的被窝了，渔民却照旧要盘膝坐在船头，摇橹划桨，在晨雾弥漫的湖面上捕捞鱼虾。

零下10摄氏度，冰冷刺骨的湖水随着渔网的收起，不断浇到手上、身上，手上的皮肤被冻后裂出一道道血红的口子，血红的嫩肉翻出来，显得狰狞可怕。但渔场工人仿佛丧失了痛感，对这些伤口视而不见。

等在鱼市上卖完鱼回到家，屋里的热气刺得伤口隐隐发痒，再打一盆热水，将僵住的双手探进去，撕心裂肺的疼痛从手掌传来，他们才像是回到了人间，重新恢复了凡人的感官，但他们能做的，也就是在手上抹点防冻裂药膏。

等到第二天天明，他们又会把小船停靠到湖荡的芦苇丛边，稍稍避一避刮骨的西北风，等太阳出来，再悠悠地荡船到湖心，暖洋洋的太阳照晒下，是他们辛劳生活中最幸福的时刻。

这就是16岁的沈志荣即将面对的生活。

渔场的规矩，一如中国所有传统行当的：年轻的新人，不管你是“子承父业”，还是通过其他渠道进来的，都必须从“临时工”做起，先做三年学徒工。学徒没有固定岗位，硬碰硬什么苦活累活都要做、都要学。

而且，渔民的学徒更不好当，在水里，在岸上，喂鱼、捕鱼，样样不落。以船为家，终年在水网湖荡捉鱼捕虾，无论是烈日盛夏，还是严寒仲冬，一样得起早贪黑、穿梭作业，困苦而且生活充满不确定性。就像当地渔家民谣唱的：“衣破生活苦，隔夜米炊无。老小憩破船，居无定所处。”

但沈志荣很高兴，能靠自己的双手获得人生的第一份收入，他觉得这意味着自己能独立生存了。

第一个月，他领到了人生第一份工资，18块钱，他分文不留，全部交给了母亲。看着母亲眉间舒展的笑意，他心中雀跃万分。

“师傅领进门，修行靠个人。”从小就吃惯了苦的他，很快熟悉了水上的捕捞养殖技术，加上他对渔场的工作认真负责，什么事情都肯干，拿得起，放得下，样样事情都要练到得心应手为止，就逐渐成了一个多面手。

比如，在漾里养鱼，需要在河道中打入许多竹桩，再插入棕绳、竹篾编的竹帘隔开外面的河港。中间要能过轮船，就需要设置三道竹帘门做船道。竹帘高出水面，软软的，船能过，而鱼却过不了。因为继承了父亲的手艺，篾毛竹是沈志荣的拿手好戏，竹刀劈得“咔咔”响。

“你不要看我人很瘦，我手臂上的肌肉挺结实的。”直到现在，他还会自信满满地撩起袖子，展示自己的肌肉。

大约正是因为这个“特长”，他后来被专门派去河荡边当看守，防止船只过往鱼荡时把竹帘拖走，而引发围堰里的鱼集体逃亡。

这个事情马虎不得，不管夏天高温，还是冬天零下10摄氏度，都要值班看守竹帘门。涨水时把竹帘拉高，防止鱼抢水逃逸。有挂桨机船开过来，就划船过去，用手拉吊装“葫芦”把毛竹门放下去，等船过去再拉起来。如果应对不及时，河荡里的鱼就逃光了。

工作很辛苦，需要365天全天出工，晚上也不能松懈。渔场在湖上用毛竹搭了一个竹棚，上面用稻草遮盖，给看护巡荡的渔工临时居住，白天一人看守，晚上则是三人一班。渔场还每天安排两人巡逻，划只船从养殖场出发，到鱼荡旁的每个竹棚里去查看，问问有什么情况，顺便带点米来。

有时候，渔场开大会，忘了通知他，换班的同事也开会去了，他就一个人守在竹棚里，一守就是一天一夜。粮食吃完了，宁肯饿着肚皮，也不走。

他从没有忘记那些个值守的深夜，河塘上一片漆黑，他划开火柴，点亮一盏有玻璃罩的煤油灯，煤油灯微弱地泛着黄晕的光，在湖边缥缈地跳动着，像月宫中掉落的月桂树屑在人间的遗光。

竹棚像只悬空的鸟笼，不挡雨也不遮风。一场提前到来的秋冻，就能把整个杭嘉湖平原推进突兀的寒冷。

住在竹棚，想要取暖不是件容易的事。那一盏煤油灯，也无法给这间透风而冰凉的小屋，带来更多的温暖。

又冷又饿的他，使劲搓了搓手，从随身的挎包里取出一本《新华字典》，期望能以“画饼充饥”的方式，转移注意力，用意念驱赶寒冷，让肚子不再发出“咕咕咕”的声音。

那样在河荡上拉竹帘、看鱼塘的日子，持续了半年，日子是如此单调乏味，倒是那本字典被来回翻了几遍，意外地让他补足了上学时没有完成的认字学业。

第二年开春，他从河塘上的竹棚里“解放”出来，被派去养鱼苗。

小鱼苗要到外地购买。出雷甸，水乡人靠摇船。沈志荣会用绍兴的脚划船和直桨，却不会用德清当地的摇橹船——摇橹和桨不一样，桨是靠人力“划”动，摇橹船则是橹板从船尾伸入水中，另一头用绳索吊在船尾，当中用一个球形头的金属钉做支点，船工摇橹时，橹声欸乃在水里来回拨动，推船前进。摇橹比起划桨省力许多，也更灵活，但是初学者比较难掌握窍门。

为了学摇橹，沈志荣磨出了一手的水泡。此后很长一段时间里，他的工作就是用满是水泡的手，摇船将鱼苗运回池塘，再用这双手去水面捞绿萍，此外，还有一项必须要做的工作，就是在清晨用这双手推磨磨足一担豆浆，然后，用一对粪桶装着，挑到池塘，泼到池塘里喂鱼。河塘边的路不好，他每次都赤着脚，遇到雨天，河塘边的田埂泥泞，脚下容易打滑，肩膀上的担子又很重，也只能咬牙忍着。

中饭都是早晨上工的时候一并带到鱼塘的。可到了饭点，打开盛饭的搪瓷杯子和饭盒，里面常常是一盒子的蚂蚁。沈志荣没什么讲究，吹吹赶赶捡捡，总要把肚子填饱了。

也正是在鱼苗场上，他接触了草鱼、鲢鱼、鲤鱼等各种各样的鱼类，对各种鱼的秉性、养殖方法了如指掌。他当时并不知道，这些宝贵的实践经验，将会为自己日后研究人工繁殖三角帆蚌打下多么坚实的基础。

1966年，是他当学徒工的第三年，年末时他被分配到大队渔场工作，成了一名渔场管理正式工，工资也从第二年的20元，增加到了25元。

这个工资水平，在当时颇为可观，但沈志荣自己并没有为多赚几个工分窃喜，他的心里涌动着一股他自己都不曾察觉的暗潮。

明月高悬的拱宸桥之夜

沈志荣内心的暗涌，来自杭州拱宸桥下老船工们的一段对话。正是这段对话，让他内心隐然升起改变自己的人生轨迹、脱离渔民现状的想法。

喂养鱼苗，捞绿萍是基础工作，因为绿萍是重要的鱼食；但本地哪有这么多水草，他们必须摇船去外地的河港捞，最常去的是杭州。

绿萍最茂盛的时候在夏天，两个老渔工，带上沈志荣，三人都是一身苎麻材质的衣服，戴着凉帽，裤管卷到膝盖，轮流摇船，“哐噹哐噹”摇上一天，就来到了杭州拱宸桥底下。

拱宸桥附近有茭白地，那里长有大片的绿萍。他们每次都把船停在桥洞附近，老渔工有经验，出船的时候就捡了几块砖头压在舱底，这时候搬出来，就在桥底下的空地上垒起土灶，放上铁锅，生火烧饭。新鲜的菜是没有的，好在带了几块腐乳，有时还有一碗梅干菜，就这么就着米饭，吃起来也很香。

夜里就躺到拱宸桥上去睡。沈志荣清楚地记得，桥旁有一根很粗的自来水管，刚好形成一个高度，他们靠坐过去，拿芦苇秆扎的芦苇片盖上，就是一个天然的简易窝棚。睡到一半，路过的行人中有好奇的，常常撩起芦苇片，看看里头的“乞丐”。

年轻人脸皮薄，这样的打扰总让他害羞不已。但摇了一天的船，人实在又困又累，也就顾不得这些了，坐下来就开始打盹。困着困着头一低，撞到桥板上惊醒过来，还以为发生了什么事情，但耳边只有“咣啷咣啷”的河水声，深夜的拱宸桥畔，静谧而梦幻，这么愣怔了一下，渐渐又困倦了。

第二天清早，三个人挑着箩筐，手拿捞斗，去茭白地附近，越臭的地方，绿萍越多，捞上一天，身上的气味，跟粪坑的没什么区别。

绿萍离水不能隔夜，发臭腐败，鱼就不吃了。所以，船一捞满，三个人就赶忙摇船回去。

50多个鱼苗池，每个水池都必须要投放。没有电筒照明，更没有路灯，甚至连条像样的路都没有，三个人连饭都顾不上吃，“吭哧吭哧”摸黑将船上的绿萍一一挑进水池，早点做完才能早点回去睡觉。

在拱宸桥前后住了几个月，连沈志荣这样年轻的身板都受不住了，母亲许久没见他，有一回到鱼池边看他，他正在往池塘挑绿萍，眼眶深陷，额头高突，因为脸颊太过消瘦，以至于两只耳朵看起来很显眼，母亲心疼极了。

他试着向渔场的高阿连场长提出轮岗。场长嘴上乐呵呵地笑着，一摆手，满口答应下来。可到第二年夏天，他又被叫去捞绿萍，继续住桥洞。

后来对这种挂席为门、上无片瓦的景况，他似乎也习以为常了，心想，这也许是生活对他的考验，“老渔工做这些都没有怨言，我这样年轻，实在没理由抱怨”。

有一天夜里，他照旧在芦苇片搭成的“窝棚”里休息。

夏日蚊虫实在太多，“嗡嗡”“嗡嗡”成群结队地凑近来，怎么赶都赶不走，烦不胜烦，他学着老渔工，把所有的衣服都裹到身上，但这样也根本无法阻挡这些“吸血鬼”的侵略。正在沈志荣艰苦卓绝地对抗蚊虫时，刚上岸的两个船工从桥上路过，见月色正好，便忍不住停下来歇脚。

船工沈福根说：“今天十五吧，你看这月亮多圆。”

船工李志法也赞叹：“又圆又亮，连那上面的桂花树都看得门儿清。”

“快看看，那树下是不是嫦娥和吴刚?”沈福根说道。

“恐怕是月亮公公和月亮婆婆，正起劲儿砍树呢！”

“这是哪里听来的？都说是嫦娥和吴刚。”沈福根呵呵笑着说道。

“你笑什么，我老家的人都说，月亮一下山，月亮公公月亮婆婆就生气，一生气就一定要砍树，那些树屑掉下来，被河里的河蚌张口吃掉，就变成蚌壳里的珍珠了。”

那两个船工闲聊了几句，便起身下了桥，对话声隔远了还能听见。藏在“窝棚”底下的沈志荣，却仿佛叫什么惊着了，连蚊子都忘了赶，就那样发起呆来。

船工们讲的月桂传说，正是他在心底反复回味了五年的故事。好像就是自己12岁那年夏天，也是这样晴朗的夜晚，雷甸的人们好像都走出来了，一起躺在毛竹棚下乘凉。满月皎洁皓白，月亮上影影绰绰。

村里上了年纪的老人告诉他，月亮里的黑影，是棵参天的桂花树，月亮里住着月亮婆婆和月亮公公，他们舍不得月亮下山，就会拿锯子不停地锯桂花树，“锯着锯着，月桂树屑就掉下来，落到人间，人间的动物看见了，争着去抢，却只有河蚌张开蚌壳吃掉了这些带着仙气的树屑。天长日久，这些树屑慢慢就变成了美丽的珍珠”。

这五年来，他常常会想起这个传说，尤其是夜里抬头望月的时候，就会猜测：人间有哪些河蚌抢到了仙宫的树屑，获得了孕育明珠的机会？现在，他听完船工的对话，就在心里想：哦，原来不止我一个人记得这个传说。

事实上，直到这时候，他也并没有目睹珍珠的机会，在他的印象里，珍珠这样的珍宝，是高贵、典雅的代名词，值得所有人向往和迷恋。

那个明月高悬的夜晚，沈志荣坐在拱宸桥上，睡意全无。但他不知道，命运的拐点已经悄悄临近，名为“珍珠”的梦想种子将很快在自己的生命里生根发芽，并长成月桂一样的参天大树。

其实还有更多关于珍珠的传说，每一则都神秘而迷人，寄托了人们对人世间最美好的向往。

比如，从战国时期开始，就流传的“南海鲛人滴泪成珠”神话；比如，西方传说中，每一颗珍珠都是诸神的泪珠；比如，罗马神话中，女神维纳斯从水底缓缓而出时，抖落的一粒粒水珠落地即凝成珍珠……但再没有一个神话，能像月桂传说一样，拨动他的心弦……

月桂树眉真的掉落在人间

那天夜里，沈志荣掀开身上盖的芦苇片，痴痴地望着天边的明月，一夜没合眼。

运河水轻拍两岸驳坎，在有节奏的“唰唰”声中，月亮散发着珍珠一般温润柔和的光芒，慢慢滑向西岸，先是挂到岸边的梧桐树枝头，继而落到岸边芦苇的须尖，最后消失在芒草间。

直到天蒙蒙发亮，东岸渐渐烧起红云，岸边的人家开了市门，有端着搪瓷杯到上游刷牙的，有拎着马桶到下游洗刷的。街坊间热闹的问好，瞬间就把城镇喊醒了。

两个老渔工也在嘈杂声中醒来，他们掀开芦苇片，看到了正面对运河伸展身体的沈志荣。

“小沈，咋起这么早咧！”

年轻人扭过头，眼睛里闪烁着光彩，比昨夜天边最亮的星星还要明亮，他咧着嘴笑：“早啊，叔！”

老渔工揉着腰笑骂：“年轻人就是年轻人，我们两个老家伙，硬石板上躺一夜，这腰就不行了！我说小沈，今天捞绿萍，你可要多出点力！”

这么说说笑笑，好像再繁重的体力活，都可以忽略不计。而沈志荣没有想到，就在这一次从杭州满载一船绿萍返回雷甸后，他这晚内心里想的事，就变成了现实。

渔场干部讨论的第二天，场里通知沈志荣去渔场的鱼饲料存放间，一同去的还有另外两个年轻小伙吕荣夫、王阿根。到了后，他发现昨天在漾里遇到的老渔工王子成正坐在一张破桌子后面等他。桌上放着他从嘉兴带回的资料和工具，而沈志荣一进门，目光就被一堆河蚌吸引了，那是一个小时前，王子成带人刚从河里捞出来的。

王子成指指那堆河蚌，对他们说：“来，撬开看看。”

三个年轻人坐到桌前，一人捡了一只蚌，一时无从下手，王子成把桌上工具往前推了推，他们才恍然大悟。

一只又一只蚌壳被撬开来，河蚌们张大了“嘴巴”，有些壳还碎了几块，但蚌里面除了软体组织，什么都没有。沈志荣满心疑惑，但王子成没喊停，他只能继续。

河蚌很快堆成了一座小金字塔，直到最后一只蚌壳"咔"一声被撬开，还是什么都没有发现。沈志荣以为，老渔工喊他们来的目的，大概只是为厨工打帮手准备晚饭食材。

王子成却有些失望，捡起开壳的河蚌反复查看："真的什么都没有?"

王子成说，自己在培训班上，看见了从河蚌里剖出的米粒大小的珍珠，说这珍珠其实是人工养的。

沈志荣也觉得不可思议。此时，他心里还是更愿意相信，天然珍珠来自月宫。

王子成笑了："还真是个孩子，那毕竟只是个传说。"他浑然忘记了，几天前，他也还是这个传说的拥趸，直到培训班的第一课，一位姓谢的老师告诉大家，当河蚌的外套膜受到异物侵入的刺激，受刺激处的表皮细胞就会以异物为核，部分外套膜自行分裂成珍珠囊并分泌珍珠质，一层一层把核包起来，这就形成了珍珠。可以说，珍珠的美丽，是在蚌的痛苦磨砺中结晶出来的。

这些专业的术语，王子成其实没一句听懂，但他听懂了老师后来说的话：“珍珠是可以人工养出来的。”

那位谢老师似乎是从上海来的，一同给大家培训的，还有江苏太湖试验站的人。据说两年前，他们已经试验出了珍珠，只是大家都在摸索，技术方面还不成熟，也没人敢说成功了。

谢老师大约还讲了更多关于人工养殖珍珠的历史，老渔工一概没有记住，他所能转告沈志荣的非常有限，他只是把培训班上发的那三张油印纸以及医用剪刀、镊子和铜丝，一股脑儿交给了沈志荣，说：“反正你们记住，老早老早以前，我们老祖宗就能养出珍珠了。小沈啊，你们年轻人去养养珍珠，就按这上面说的去做，肯定没错。”

沈志荣怀着一脸懵懂，“老早以前”是多早以前呢？“上面说的”是怎么说的？“肯定没错”是怎么个准法呢？这都得有人教啊！

但显然王子成帮不上什么大忙，毕竟那三天课他也只听了个云里雾里。

很多年以后，直到沈志荣创建了欧诗漫集团，才终于腾出空，将人类人工养殖珍珠的历史系统地梳理了一遍：文献记载中，中国珍珠文化起源于大禹时代；而最早有关人工养殖珍珠的记载，则是在南宋，是沈志荣的同乡前辈、德清人叶金扬把锡和其他金属的、木制的、骨制的浮雕放进蚌壳内，成功地养殖出了附壳（佛像）珍珠，并在德清钟管、洛舍、士林、雷甸和十字港一带进行大规模推广。这一说法，早在一百多年前就得到了国外学者的确认，欧洲、日本的珍珠养殖技术，就是受了中国附壳珍珠养殖技术的影响（或启发）。

叶金扬死后，当地人为他在德清的小山建了一座寺庙，每年都会举办祭祀活动。

只可惜，近代中国频逢战乱，珍珠养殖业渐渐没落，人工养殖技术也一直没有取得新的突破。与此同时，一水之隔的日本，却将珍珠业由天然采珠推向可以批量生产的现代养殖，不断改良技术，并强烈刺激了日本珍珠产业的民间发展，一直到20世纪60年代，日本还是珍珠生产出口第一大国。

珍珠用途很多，除了制作高端珠宝之外，珍珠粉还可入药，敷在皮肤上，有很好的防冻裂、疗刀枪伤的效果。当时，中国自己养不出珍珠了，就只能从日本大量进口珍珠，而且年年都在增加。

“这等于是师傅竟然找徒弟要饭吃了，这怎么行？！”沈志荣后来了解到，其实中国在50年代中期，就已经在研究珍珠人工养殖技术，但是由于外国技术封锁以及社会信息闭塞，研究一直都没有成功，直到“中国现代珍珠养殖技术创始人”熊大仁出现。

熊大仁，南昌人，1935年曾留学日本。归国时，他携带了人工养殖珍珠的资料和一套珍珠插核手术工具。在沈志荣投身于珍珠养殖研究之前，熊大仁已成功养殖出中国首批人工海水游离珍珠，之后还编写了中国首部珍珠养殖的专著，并摸索着发明了“异种移植”培育淡水无核珍珠技术。

虽然他的淡水无核珍珠技术当时还不成熟，但全国各地都已经认识到这个技术的宝贵，所以纷纷拿着他的这些材料，举办各种“河蚌育珠”培训班。这次雷甸老渔工王子成从嘉兴培训班带回的材料，也是来自熊大仁的技术。

一把镊子、两根铜丝和三张油印纸

但当时没人告诉沈志荣专家熊大仁的存在。19岁的沈志荣，一不懂历史，二不懂技术，甚至没有见过珍珠，他当时唯一能做的，就是牢牢地攥住三张油印纸，紧紧地握住剪刀、镊子，好似抓住了此生难得一遇的机会。

这三样东西，像是一把造型奇特的钥匙，突然为他打开了一扇未知的大门，使他看到了名叫“梦想”的未来。

天色渐暗，沈志荣吃过晚饭，回到自己和奶奶同住的那间房中，从床壁边取下煤油灯，摆在窄小的桌上，擦起火柴点燃油灯棉芯，灯火从开始的黄豆大小，慢慢地成了一朵灯花，灯花一跳一跳地，发出细微的“扑扑”响声。

他小心翼翼地把那三张纸在桌上摊开，就着昏黄的灯光，仔细阅读。

这三张纸，一张是文字，两张是图谱。手工刻写的油印纸，字迹歪七扭八，且因为油印的质量不好，几处字迹已然模糊了。能看清的字，他大多都认得，还在《新华字典》里翻到过解释，但那些字如今连成了语句，他读起来就相当费力。

他满怀好奇，似懂非懂，一个字一个字念，油印纸带着油墨和蜡的独特气味，闻久了会让人晕眩。他知道，纸上写的、描绘的，就是河蚌养珠的基础步骤和插种方法，但他看不懂。

他来来回回、仔仔细细地阅读那三张油印纸，再拿起剪刀、镊子、铜丝琢磨了半天，尽管还是一头雾水，但他的直觉告诉他，这还是可以试一试的。

第二天，他又找上了王子成，大叔很是头疼："我一个大字不识几个的，真是不晓得更多的了，你们年轻人自己去研究嘛。"

被沈志荣缠得急了，王子成想到了一个人，德清农业部门管水产的、也参加了嘉兴育珠会议、叫陈琳芝的，"那可是浙江水产学校毕业的知识分子嘞，你们可以请她过来，教教你们怎么弄"。

陈琳芝很快被请来做现场指导。她抵达的那个上午，沈志荣又下了一次河，摸上十来只河蚌，拿清水把外壳洗干净了，养在盆里。

还是在那间简陋的鱼饲料仓库里，年轻的姑娘面对求知欲旺盛的三双眼睛，略显局促不安。他们给她冲了一杯红糖水，在任何资源都匮乏的年代，这样隆重的招待，可见这几个年轻人对她的到来期许很大，而这令她倍感压力。

她指导他们用刀将一只河蚌剖开，然后指着河蚌外套膜边缘的表皮细胞：“你们用镊子把外套膜撕开，切成小片，然后把小片直接插到河蚌的外套膜结缔组织里面，就是这样一个过程，材料上也这么写的。”

这位高学历姑娘，也只是学了个七七八八。至于更详细的操作手法，以及植珠后怎么办，她也是一脸迷茫，毕竟材料上只有寥寥数语，纸上谈兵，信息有限。

最后，她看看试验蚌，似犹豫又似肯定地点点头：“这样是会长珍珠的。”

陈琳芝在雷甸水产大队住了两天，陪着沈志荣几个折腾了几筐河蚌就回去了。

沈志荣有些失望，虽然陈琳芝告知了插种珍珠的基础方法，让他对人工养殖珍珠的原理有了初步的了解，但他对着简单的材料和简单的工具，还是一筹莫展。

那时候，没有相熟的专家可以求助，更没有互联网可以共享知识，沈志荣决心自己钻一钻，看看自己能不能摸着石头过河，琢磨出个道道来。

他把那些工具摆在面前，一一拿起来，凑到阳光下观察。此时的沈志荣，犹如在河滩捡拾贝壳，迫不及待地寻找着任何可能有意义的东西。

剪刀和镊子，他在赤脚医生那里见过，就是那种不锈钢的医用器械，现在要用来给河蚌“做手术”。竹刀、砍刀，沈志荣都使得得心应手，可这给河蚌“开刀”，到底该是用几分力、入蚌几毫才行？

还有那两根直径2毫米，长约20厘米的铜条，沈志荣研究了一下，发现其实就是铜丝电线，至于究竟是做什么用的，王子成眨巴了一下眼睛，还是那句话：“不知道，反正就这点东西，你们小年轻去琢磨吧。”

另外，既然人工养殖珍珠的关键是插种，那么要用什么工具插？插种以后河蚌是重新投回河里吗？多久以后珍珠能形成？是不是什么蚌都能出珍珠？……

这些后来成为珍珠养殖常识的问题，此刻在沈志荣的脑子里充塞着，统统没有人能解答。

仲夏的午后，陈琳芝回去的那个下午，沈志荣又躺在一棵樟树底下发呆，两个小伙伴蹲在他身后，拨弄着盆里的河蚌。

他们的眼前，是大海漾波光粼粼的水面，湖岸芦苇青青，湖上渔船如梭，细柔的渔网羽毛一样撒向水面，有漏网的游鱼惊起，用力跃出水面又“啪”地一声落回去，叫渔网网了个正着，一只水鸟“啾”一声，从芦苇丛掠过，隐入草丛消失不见。

雷甸的渔民，祖祖辈辈在水上生活，整天在河荡里摸爬，见过的河蚌千千万，可就没有人看见过一颗圆滚滚的珍珠。

沈志荣把其中一张油印纸举到头顶，看了又看，发现这几天翻看得厉害，纸边都开始发毛了，他叹了口气，心想，自己也许该再去拓写几份保存，毕竟这是目前为止他们手中仅有的参考资料了。

“诶，你们说，这事能不能搞成?”他转头去问小伙伴。

“我们听你的，你说能搞成就能搞成。”陈琳芝带来的信息之贫瘠，或多或少打击了两位小伙伴的积极性，不过沈志荣对珍珠养殖超乎寻常的关注，令他们意识到，对于珍珠养殖，沈志荣应该是认真的。根据他“要做就做最好”的行事风格，他们觉得这事放到在沈志荣身上，结果如何，倒还真说不准。

“那我们就搞吧！搞不成就当是玩了一玩。”沈志荣得到了鼓励，从地上一跃而起，顾不及拍打身上沾染的泥土和青草汁，往湖边奔去，“跟我走！”

“哎！阿荣，你说清楚，叫我们干吗去？”

“捞河蚌！”

“啊！又要捞！”湖岸边传出两声哀号，这两天，为了陈琳芝的到来，他们三个，已经下河至少五六次。

有人在湖心唱出悠长的渔号子，渔歌声里，三个小年轻，脱掉上衣和外裤，只穿了条裤衩，从一艘摇橹船上，一个猛子扎进湖水里。入水时激起的水波，在湖上荡出了一个又一个同心圆，很快又被冒出水面的头打破。他们互相击水打闹了几下，很快就有人摸到了几只河蚌，愉快的笑声响彻天际。

就这样，三个年纪还不到20岁的年轻人，在雷甸“玩”起了河蚌养珍珠。

河蚌堆在一起像座小山

盛夏时分，在绿泽耀眼的荷叶的陪衬下，一枝枝清香扑鼻的荷花，已在烈日和暖风里殷勤地向着天空渐次绽放。水乡独有的大足蜻蜓，成群结队，低空盘旋着，寻找娇艳的花蕊立头。

盛夏也正是水产养殖场的淡季，沈志荣趁机带队去捞河蚌。哪里河蚌多，就摇船去哪里，几乎天天泡在河里。没有办法，河蚌是珍珠的母体，他们“珍珠培育研究小组”要做试验，河蚌当然是越多越好。

打小在水上讨生活的雷甸人，水性极好，下水一摸一个准。那时候，他们还不知道，不是所有的河蚌都能长珍珠，所以，下水捕捞时往往不管三七二十一，只要是贝壳类的，大大小小全往水桶里装。

对于在河边长大的沈志荣来说，河蚌一点不稀奇，珍珠却只是个传说。

一千多年前，叶金扬能在德清当地研究出人工养殖珍珠的方法，除了其过人的天赋和专注，水乡的地域便利和丰富的河蚌，也是他取得成功的必备因素。或者说，是历史选择了德清，给了德清一个叶金扬。

叶金扬死后，人们建设寺庙纪念他，香火一度颇盛，纪念活动的传统一直持续到19世纪。想来也是因为，靠水吃水的德清人，感念叶金扬为他们开辟的另一条生存途径，更祈求他能保佑当地水丰草足、河蚌肥硕，珍珠年年丰收。

珍珠素有“深渊之宝”的美誉，所以产珠河蚌大多生活在较深水域。古时，为了采集珍珠，人们必须潜入深水，所以常常发生“以人易珠”的惨剧。渔场领导重视“珍珠培育研究小组”的工作，也重视小组成员的安全，所以特意指派了几名老渔工跟他们一起摸。

他们半开玩笑地给自己的队伍取名叫“摸蚌小组”。队员用脚一丝丝地踩水底，如果踩到了尖锐的东西，不是石头就是河蚌了。河蚌踩在脚底，有些锋利，有些凸起。一踩到河蚌，队员会立马兴奋地深吸一口气，扑腾扎进水里，一只半埋在淤泥里的河蚌就找到了。

河里淤泥很多，队员们往往劳作到满脸淤泥，仿佛一个个泥人。摸蚌的最佳季节是夏天。日头可以晒脱一层皮，即使有淤泥护身，也挡不住太阳的毒辣。但是“摸蚌小组”不以为意，清澈的河里，总有他们扑腾扑腾钻进水里的身影。

这样的日子持续了一个月，到8月份，他们竟捞到了几千只河蚌！

面对养殖场小池塘里堆得像山一样高的河蚌，“摸蚌小组”觉得一切苦和累都是值得的。

雷甸人都知道，河蚌很好养，可是毕竟是那么多活河蚌，毛估有上千斤，堆在一起，又是夏天，如果时间久了容易死掉。沈志荣带着几个小年轻，轮流换水、泼水。那时候，没有什么加班费、项目奖励经费之说，但大家都干劲十足。沈志荣后来回忆，说这种状态，就是当年“农业学大寨”的状态，人人任劳任怨。

听说要用堆成小山的河蚌养珍珠，场里人都过来看稀奇。

尽管踌躇满志，但是几个牢记月桂传说的老渔民，加上三个只有小学文化水平的年轻人，从河荡里摸了山一样高的河蚌，都还分不清那些河蚌的种类和名字。

后来，沈志荣知道了，珍珠虽然是贝壳类动物的分泌物形成的，却不是所有的贝壳类动物都能产出光泽美丽的珍珠。在世界范围的淡水中，人们发现过的河蚌大概有1000多种，但绝大部分因为珍珠光泽差，所产珍珠品质低劣又或因插种手术困难，没有利用价值。真正能产珍珠的河蚌数量有限，只有几十种。

“像德清这里的河蚌，主要有三大类：最多的是背角无齿蚌，适合做盘中餐，放些咸肉春笋挺好吃的；还有一种是鸡冠蚌，学名叫褶纹冠蚌；还有就是三角帆蚌，也叫翼蚌，壳大、坚硬而扁平，呈三角形状。后面这两种蚌，都能养珍珠。”但那个时候，沈志荣说，但凡是从河里捞上来的贝类，除了蚬子，只要有硬壳，统叫河蚌。

面对着那一座小山似的河蚌，三个小伙子继续拿着那三张油印纸，翻来覆去地看，琢磨纸上的内容，试图得到更多的信息。

还是沈志荣拍了板，决定试着给河蚌做个手术。

他笑着对伙伴们说：“给河蚌做手术又不是给人开刀，有什么难的？但如果我们一直不动手，就更谈不上进展了。放心吧，我们用心做，几次下来就知道哪里有问题。而且，你们不觉得这件事很好玩吗?”

事实真是如此简单吗?

人工养殖珍珠，需要先取一只河蚌，取下它那能分泌珍珠质的外套膜表皮，用“手术刀”切割成两三毫米见方的小片，插植入另一只生命力旺盛的河蚌的外套膜结缔组织，外套膜表皮细胞分裂成珍珠囊，分泌珍珠质，最终才能产生淡水无核珍珠。

而给河蚌做植珠手术，最好是在春秋季节进行，因为在这两个季节的水温范围内，水中浮游生物繁殖快，天然饵料丰富，七天左右河蚌就能形成珍珠囊，十天后就开始分泌珍珠质。

对于今天的珍珠养殖户来说，这些是最基本的常识，但50年前的沈志荣对此一无所知。他在1967年的8月，暑气正盛的时候，决心把自己在珍珠生涯上的第一次植珠手术，贡献给大海漾里的一只河蚌。

像医生一样给河蚌做手术

傍晚时分，远处夕阳西斜，黄婆漾、大海漾的上空，满眼是连天的火烧云，天空红艳得似乎能滴出火来。

同村的小年轻，右手臂垫在后脑下，嘴里叼了根麦秆子，翘着二郎腿，赤着身子躺在河边的洗衣板上，不时哼几句歌。

沈志荣提着水桶，从堆河蚌的池塘走来，小年轻看见了，咧开嘴笑了，高声问："阿荣，你们的河蚌长珍珠了吗？啥时候给河蚌开刀？"

"养珍珠又不是下猪仔，哪那么好弄？等着吧，珍珠是一定可以养出来的。"沈志荣抹了把汗，回答道。

话虽如此说，回到家，他又取出那三张油印纸，细细琢磨起来。几天前，他们决心真正地给河蚌做一次植珠手术，但临到动手，大家都心里打鼓，没有底。他们谁都没有养珍珠的经验，而这个世界上最难的事情，大约就是硬着头皮去做心里没底的事情吧。

“初生牛犊不畏虎，一点点慢慢琢磨吧，我们跟人家比，缺了经验。经验需要试验，试验几次就有了嘛，何况谋事在人，成事在天。一件事只要你认真去做了，就无须太过执着于结果如何。”沈志荣给同伴打气，其实也是在给自己鼓劲，他希望自己尽可能地自信起来，免得真正的考验来临时，畏畏缩缩、无从下手。

他开始没日没夜地研究，那三张油印纸中的两张图谱，一张介绍了河蚌的形态构造，另一张讲解了如何给河蚌插片，以及插片的大概位置。

沈志荣寻思着，医用手术剪刀和镊子的作用，应该就是给河蚌插片用的：剪刀是剪除边缘膜的工具；镊子则是用来分离外套膜表皮、洗片，并修整小片。

根据图纸上的标注，对河蚌施行插片手术，需要的工具，不只镊子和剪刀，还需要手术架、开壳器、切片刀、插片针等制片工具和插片工具。老渔工带回来的工具相当不完备，但第一次手术不能再等了。

可是，单是给河蚌开口一个环节，就是个大难题。他还记得老渔工第一次叫他们开蚌壳的场景，后来也试过几次，用蛮力，但开壳的同时，河蚌不是壳碎了就是弄死了，这个办法显然是行不通的。

他天天盯着池塘里的河蚌发愁，几乎快把池塘盯出大洞来。看着看着，他发现了一个秘密：池塘里的河蚌叠着河蚌，叠在最上面的河蚌，如果口子碰巧稍微露出一点水面，就会自动打开。

这个发现，令他心如擂鼓、战栗不已，他强压着内心的激动，挑了几只河蚌养到脚盆里，故意让河蚌口朝上，露出一点点在水面上，果然稍过几息，河蚌的口子就慢慢张开了，他眼疾手快，赶紧将事先片好的竹塞，塞进蚌口里去。

河蚌打开后怎么固定，这个在图谱上绘有图案，但是他们除了镊子、剪刀和两根铜丝之外，没有其他工具。沈志荣就发挥他的竹工特长，用毛竹削了个尖尖的东西，中间弄个皮筋扎牢，插进去把河蚌撑开来。

但这个塞竹片的活，看似简单，他们可摸索了一天。背角无齿蚌和鸡冠蚌的蚌壳很薄，竹片塞进去，壳容易碎掉，且这两种河蚌又长得圆鼓鼓的，单只塞一片竹片，蚌壳用力一闭，又是一丝儿缝隙都无，沈志荣试了几回，最后加塞到三片竹片才勉强把口子撑起来。相比之下，三角帆蚌的壳厚，最好开口，只是这种蚌数量不多，还不到他们捞回来的河蚌总数的5%。

后来很多年间，他不断改进开口工具，从一开始的木塞到后来陆续研发出的铁质和不锈钢开口工具，再到现在用的专业开口器。为了给河蚌开口，他不知想了多少办法，可想而知，当时的插种手术是多么不容易。

但不管怎么样，给河蚌开口这个难题算是解决了。

然后，沈志荣决定马上着手给河蚌动手术。

手术地点定在一幢破房子里。所幸是夏天，墙壁漏风，能让屋里凉快些，还亮堂。沈志荣拎了一桶石灰水，将墙面仔细地刷了一遍，权作消毒了。

那个年代，照明还只能靠煤油灯或蜡烛，这种亮度显然不够。手术看来只能在白天进行。

直到今天，一提到和几个年轻人凑在一块儿，凭借简陋工具捣鼓珍珠的场景，沈志荣仍能体会到当时的神圣感。

“那时，我穿着白褂子，拿着镊子、铜丝给河蚌植珠，感觉自己像医生给病人做手术似的，特别神圣。”

按照陈琳芝曾经指导的方法，沈志荣开始了河蚌植珠手术的实验：先剖开一只河蚌，用手术刀将河蚌的表皮切成一块块小方格子，然后扒开另一只河蚌，把切下来的表皮逐一放到河蚌外套膜结缔组织里面去，一只珍珠母蚌的插种就算完成了。

沈志荣背对着窗，把开好口的河蚌拿起来，对着窗户，让光照进河蚌的开口缝里去。

河蚌打开的那条缝是很窄的，最宽也就1厘米多，塞了两三个竹片的河蚌口子顶多也就半个厘米这么宽。

人的眼睛也只能眯成一条缝来看，才可以看到河蚌壳里的外套膜结缔组织。

他们把铜丝用铁榔头敲扁，再磨光磨尖，然后用老虎钳做成弯钩状，代替插种器，按图谱的讲解给河蚌植珠。东拼西凑，勉强算是有了一套给河蚌插种的工具。

手术的时间很长，汗水像时间一样啪嗒啪嗒地流逝，由于紧张，握着手术刀的手再小心翼翼，也很难控制得当，有些河蚌开口开太大，合不拢最后死掉了；有些被镊子不小心弄伤了脏器，后来也就活不成了。

沈志荣回忆，之后他的手一直在抖，肩膀处特别用力，开始几个都做不好，笨手笨脚的，搞一天才搞好两三个。一天下来，眼睛和肩膀酸痛得要命，晚上都睡不好。

上千只河蚌的植珠手术，从8月一直做到了9月。

植珠过程中，沈志荣一直在全神贯注地体会，想着怎么弄比较好，再慢慢一步一步地改进、熟练。

全部手术做完的那一天，沈志荣把工具一抛，直接躺倒在地上。他们几个人，就这么并排地躺在那幢破房子里，看着彼此狼狈却兴奋的脸庞，哈哈大笑。

“办法总比困难多嘛，虽然都是土办法。”那一刻，沈志荣内心的成就感无法言喻，他只觉得胸腔里翻涌着强烈的情绪，忍不住想大喊大叫：“你看吧，没做之前都没底，但当你付出了超出自己想象的努力时，可能事情也就做得差不多了。”

1967年夏天的这次千蚌植珠手术，最后成功率还不到15%。但这已经让沈志荣无比兴奋，这是他在珍珠人工培育道路上一个了不起的迈步。

从这一天开始，他那伴随着月桂传说的珍珠蓝图，就真正展开了，然后，在50年的漫长生涯里，循序前行、缓缓绘就。

生命中最初的一道光

等待珍珠成形的那段时间，沈志荣很煎熬。

1000多只河蚌，经过了存放、实验、宰杀、插种植株手术……最后还存活的，不过几百只。这些幸存蚌，成了“珍珠培育研究小组”的宝贝疙瘩，它们后来被小心翼翼地放进竹篓里，竹篓下方悬挂着石头，上头用细绳拴住，放养进沈志荣屋旁的河道里。

理论上来说，一只7厘米大小的育珠蚌，可以插40多个片，也就说，一只蚌，可以长出40多颗珍珠。但，这样的育珠试验，究竟能不能成功，沈志荣心里一点把握都没有。

也是从那个时候起，沈志荣开始出现夜间多梦的状况，总是梦到河蚌里终于养出珍珠了，但梦醒来时，存放着插片母蚌的竹篓还绑着石头挂在屋后的河里，顺着水流一荡一荡，这时，被打回到无情现实中的沈志荣，总会充满失落。

这多梦的状态，一直持续了几十年，直到业务步入正轨，他的睡眠状态才有所好转，而那多梦的几十年来，沈志荣心上也像是绑了块重石头，悬空一荡一荡的，始终落不到底。

就这样满心煎熬地守了十几天，沈志荣忍不住，便将那几百个河蚌都拎上来，一一查看状况。让他饱受打击的是，不仅珍珠的影子没看到，好不容易插片成功的河蚌，要么长了一大泡脓包，要么烂掉了一个大孔洞，要么散发着臭味，一大半竟是死了，最后数了数，只有20余只存活。

其实，8月的高温天气，根本不是给河蚌做手术的时间，还好他手术做得慢，9月后做手术的河蚌还能有少许幸存的希望。但当时的沈志荣，还不了解河蚌死亡的真正原因。

想到这次的试验要失败了，沈志荣内心沮丧之极。那幸存的20多只河蚌，就成了他最后的希望。他小心翼翼地把它们放回河里，再用细竹排围成隔离圈，悉心地照料。

这以后，沈志荣仍然每天都跑到河边探视，望着湖水愣愣地发呆。家门口的这条河，是京杭大运河的支流，千年前，德清的先辈们，就是在这条河里，开展珍珠养殖活动，千年后，叶金扬的后人，就在这里重新探寻被割断的历史传承，探寻前人走过的路。

能成功么？

会失败么？

今天要不要开一只河蚌来看看呢？

还是再等等吧。

沈志荣像个傻瓜一样，每天内心都充满矛盾，一遍又一遍问着这些幼稚的问题。

继父看他神神叨叨的样子，渔场其他的事也不关心了，忍不住骂他："人家都弄不出来，就你能？一天到晚不干正事，你脑袋坏掉啦？"

母亲也劝他："好好吃饭，咱家没人搞过这个，真的不是这块料。"

沈志荣耷拉着脑袋，有一口没一口地吃着，心里担心，还是怕那些硕果仅存的母蚌，最后会击碎他的美梦。

在漫长的等待中，看着河蚌伸出舞动的白嫩斧足，便成了他唯一的乐趣。有时候，他还是会忍不住，将河蚌捞上来一点，在它们张开蚌壳的一瞬间，透过那细细的缝隙往里面张望。

没有一个河蚌是完整的。好在它们还在努力地活着，这便是沈志荣的希望。

1967年11月，陆上的人们已经收割完水稻，也到了湖鱼最肥美的季节，渔场的渔工开始进入新一轮的繁忙，而沈志荣对着20多只河蚌，已经整整守了三个月。

有人催沈志荣尽快上工。沈志荣心想，不能再等了，捞上来打开看看，有还是没有，成败在此一举，算是做个了断吧。

这天早上，他喊来另外两个小伙伴。他们在河岸边站了一会儿，屏息凝视了一会儿竹篓里的河蚌们，它们同往常一样，正伸出斧足和世界打招呼。

“开始吧。”沈志荣说，然后终于伸出手去，捞起几只珍珠母蚌。

一刀剖下去，沈志荣的眼前仿佛划过一道闪电。他轻声叫了出来，头皮瞬间发毛，有那么几秒钟，他脑袋一片空白，失去了思考的能力。

他看到了什么？一道亮光？真的是一道亮光！

他逐渐清醒过来，扭过头去看两个伙伴的眼睛，他们的眼睛也都在发光。

“我看到！有一点黄黄的，但确实是亮晶晶的，在发着光！”

他兴奋极了，变得语无伦次。他手下稍微用劲，把蚌壳再撑开一些，三张脸凑在一起，往里面瞅，但见一颗颗小小的透明的亮珠，像刚刚灌浆的小麦一样，静静地躺在蚌的母体中。

“没错吧？看到了吧？哈哈哈！一定是珍珠！这就是珍珠！”沈志荣高兴得手舞足蹈，小伙伴们也很激动，三个人感觉“像在做白日梦”。他们互相拥抱，牵着手在原地转圈，高兴得像疯了一样。

听到屋前惊天动地的喊叫，沈志荣母亲以为出了什么事，跑出来一看，几个小伙子正搂在一起发疯呢。

“妈！妈！我应该是搞成了！妈！我没想别的，就想做好这件事！”沈志荣对着母亲，磕磕巴巴地说。向来寡言的他，这一刻只想直抒胸臆。

然而母亲只是微笑地拍拍他的肩头，又进屋去了。这让沈志荣心里的热度稍稍褪歇：珍珠还太小，没有完全成形，按照油印纸上刻的步骤，可是要两年后才能取珠。收获的时间如此漫长，这天大的好消息，他们一时还不敢贸然上报呢。

但他心里的大石终于落了下来，确信珍珠养出来了。当天夜里，他又做了几场梦，都是笑着醒过来。有人笑他真是走了“狗屎运”，可他想，天底下哪有白捡的运气呢？回想过去几个月的煎熬，他更加相信，天道酬勤，这世上的难事，大约只要努力、专注、坚持，便没有什么攻不破的。

“真是太不容易了！”夜里，沈志荣躺在床上，想着月桂树，想着珍珠，发觉自己真的开始对珍珠着迷了。

人群杂居的地方，想保守秘密并不容易。几天后，渔场的领导下来检查工作，也不知从哪里打听来这个好消息，随口问了几声，当下报到县里去了。

这个喜讯随后就在整个雷甸炸开了锅。

沈志荣真的养出珍珠来了？大家将信将疑，公社的领导立即赶到了现场，全村的男女老少也纷纷去看热闹。

其实，那时沈志荣培育出来的所谓珍珠，当时就是鼓了个小包，有点发亮，过了几年，沈志荣才懂，这亮晶晶的还只是珍珠囊，不过，有珍珠囊就会有珍珠，几千个河蚌成了这二十几个，说明沈志荣摸索出来的操作方法大方向正确。

这个喜讯又传到了县里，领导们也半信半疑——怎么就给这么一个没什么文化的愣头青搞出来了呢？立即派了水产部门的技术员去雷甸调查。

在技术员眼里，人工养殖珍珠可不是一件简单的事情，全国有那么多的地方在搞，在各种专家和技术人员的努力下都没进展，就雷甸这个养鱼场的几个年轻人，能搞出什么名堂来？

调查人员让沈志荣捞出河蚌，他们要眼见为实。

可一个河蚌被打开后，过几天就会死掉，里面好不容易才长出来的珍珠囊细胞也就跟着烂掉了。几天前为了验证开了好几个，现在河里活着的珍珠蚌，只剩下十几个，沈志荣实在舍不得——如果来一个人开一个河蚌，不用三天，母蚌剩不了一个。

怎么办？沈志荣绞尽脑汁，终于想了一个办法，用河蚌开口器把河蚌撑开一条细缝，放到亮光下，能看见那一粒粒亮亮的透明晶莹的小颗粒。

“珍珠，珍珠！”所有人都叫了起来。这下所有人都确信无疑，珍珠真的被只有小学文化的愣头青培育出来了。

县“革委会”干部拍着沈志荣的肩膀，大大地夸赞了一番，要他带头好好干。

沈志荣自己却颇有点一夜成名的忐忑，他心里明白，关于养殖珍珠，这才是第一步，毕竟两年的时间，变数太大，他打算有时间，到杭州书店找一找，看能不能找点相关的指导材料，再深入研究下。

就在珍珠养殖刚有眉目的时候，1968年春节，全国实现渔民社会主义改造，把渔民组织起来恢复和发展渔业生产，并引导群众大力发展水产养殖。长期从事捕捞的渔民组成渔业公社、渔业大队或渔业生产队，从事养殖的渔民组成社办渔场或大队渔场。德清县辖属的13个公社被要求全部设立水产大队，雷甸渔场水域和公社渔民的湖泊合并，成立了雷甸水产大队，包括沈志荣在内，原属国营渔场的20个工人，身份都变成了渔民。

渔民自古以来地位低下，因为他们既没有土地，又没有固定资产，常年生活在渔船上。尤其是在以粮为纲的年代，“农林牧副渔”的约定排序，令原渔场工人惶惶不安，包括沈志荣。

在此时，他遇到了人生第一个抉择的十字路口：国家征兵通知书下发，在全国的年轻人中涌起当兵热潮，心怀军营梦的他，也和珍珠培育小组的王阿根同时报了名，但最后王阿根被选上，他被刷了下来。

原因是，尽管早就与生父脱离了社会关系，但新中国成立后，有个富农生父的出身，还是波及了沈志荣，因为是“四类分子”子女，政审未能通过，只好重回水产大队。

此时，一起接受珍珠养殖任务的两个小伙伴，一个顺利去当兵，一个中途参加了革命活动，这些一度都让他非常失落。

原本梦想成为优秀士兵或者军官的沈志荣，最终留在了雷甸渔场，但他后来说：“这是老天爷在帮我，那个时候，我要是真的去当兵，肯定不会去搞珍珠，更不会有什么欧诗漫了。”

他的无价之宝

1996年，德清发生的一则新闻，轰动全国，各大媒体纷纷到当地采访。作为新闻当事人的沈志荣，几乎天天出现在报纸版面上，而比他更耀眼的，是他在雷甸珍珠湖收获的一颗直径约17厘米、浑圆且光洁无瑕的特大优质珍珠，世所罕见！这颗明珠，后来也作为欧诗漫集团第一名珠被妥善收藏。

然而，在沈志荣心里，比这颗明珠价值更高的，却是当年那几粒品相粗劣、其貌不扬的珍珠。50年的珠海磨砺中，沈志荣的办公地方一迁再迁，从临时搭建的育珠工作室，到钢筋水泥的厂房，再到如今欧诗漫集团总部大楼，但这几颗珍珠，却一直被他摆放在每一个办公室最显眼的位置。

这是他最早收获的珍珠，是他一辈子的骄傲，是他永不会忘记的初心。

1968年的冬天，似乎比往年暖和一些。眼看快进入腊月，都还没下一场大雪。

沈志荣却仿佛有些衣不胜寒。

当兵的路走绝了；一起养珍珠的小伙伴，嫌太辛苦没盼头放弃了；“渔改”给他打上了渔民的印记；连刚刚搞出了点名堂的珍珠养殖，也被扣上了各种奇怪的帽子，在各种斗争批判会上，他拼命解释：珍珠是治刀伤、枪伤的良药，是国防战略重要物资……

好在第二年，他和已自由恋爱两年的女朋友顺利结婚，组建家庭，温柔贤惠的妻子对他的鼓励和支持，给了他莫大的安慰。

沈志荣当时的沮丧，大约也是大多数雷甸水产大队渔民的迷茫。

这时，为了让渔民安心接受“渔改”，德清县领导决定，既然雷甸已经搞出了淡水珍珠养殖，不妨也弄个“河蚌育珠”训练班。

“就让那个搞出珍珠来的沈志荣当师傅嘛。”县领导说。

命令下达后，沈志荣百感交集。他想，命运还是仁慈的，至少还让他继续做着自己喜欢的事。

还是一把镊子、两根铜丝、三张油印纸当基础教具，沈志荣被聘为德清“河蚌育珠”训练班的老师傅。这个训练班很快打响了名头，学习的人从全国各地涌来，“养珍珠，到雷甸”的口号朗朗上口，几乎是在一夜之间，沉寂了几百年的德清，重新点燃了中国珍珠养殖业发源地的激情，连素来清冷的湖港，也变得热闹非凡。

据曾参加过训练班的渔民回忆，这个训练班年年都办，报名学习的人一波接一波，名额非常紧张，他所在的生产队报了四五次，才给他争取到一个。“没办法，只有他养得出珍珠嘛！他懂，教得也好，很生动，后来浙江这一带，像诸暨那边很多人，都是从他这里学了回去的。”

沈志荣并没有从教经验，不过，想想自己当年刚接触珍珠养殖，到处请教、四处碰壁的艰难，他对上课这件事，尤为重视。没有当过老师，那就想想自己当初怎么学的，自己做教具，自己刻印教材，自己备课，那些他自己实践摸索出来的工具、植珠方法，只要有人愿意学，他都毫无保留，免费教授。那个时候，没什么专利保护意识，有人愿意听他讲珍珠，他就知无不言，言无不尽。

沈志荣还组织学员互相交流，从他这里出去的学生，不仅懂理论知识，还具备实践经验。

训练班名气越来越大，1969年到1970年间，全国有十多个省市的水产队派人到雷甸的培训班学习，当时的浙江省水产厅厅长闻讯，也带了几批人来考察参观。

就在训练班如火如荼的时候，沈志荣终于收获了第一批养殖珍珠。

那是1970年的初春，沈志荣在训练班上完课，回家放下教具，就去了母亲家附近的河畔。

三年前放下去的竹笼还挂在原地，经历了1000多天的流水侵蚀，底部的竹片上已经爬满了河苔和寄生的贝类。

沈志荣也不知道，拉上竹笼时将会看到什么。经历了那么多次失败，他自己内心也并不抱太大希望——当失败已成为习惯时，他每次面对结果，都会默默念想，然而总觉得奇迹不太可能出现。这次也一样，他内心里想着，不能希望有奇迹，但又无论如何都不会放弃。他眼睛一闭，一抬手，将这些仅存的竹笼统统拉上了水面。

这一次，奇迹真的出现了。河蚌打开，一道道亮光闪过，围观的人都惊呆了——真的是珍珠，总共三四十颗。

如果说，三年前河蚌里那一道道微弱的亮光，是来自珍珠的希望，那现在，静静躺在沈志荣手心的这一颗颗珍珠，就是德清育珠的一个佐证。

人们捻起一颗珍珠，一个一个传看。沈志荣看看珍珠，看看人，热泪含在眼眶，激动得想大哭一场。河港里硕果仅存的河蚌，从来没有从他心头稍离。无数次他梦见急流将竹笼全部冲走，他扎到河里拼命追，怎么追都追不到。所幸，他的坚持和努力未曾被辜负。

那一捧珍珠，质量其实并不高，多是肋纹珠、焦头珠、空心珠这样的次品，最后筛选下来，勉强合格的只有四五颗。这四五颗珍珠还没有米粒大，卖不了好价钱，却是沈志荣这一生的无价之宝，此后几十年，被他一直带在身边，是督促，更是鼓励。

真正养出珍珠了，水产大队对沈志荣的支持，越发名正言顺起来。最初一起做珍珠培植的两个年轻人都退出了，让沈志荣单兵作战不是个办法，于是安排了三个姑娘配合他的工作。珍珠培育小组的队伍，终于又充实起来。

但沈志荣很快又陷入新一轮的烦恼：插片母蚌都是河里质

量最好的，生产的珍珠质量却不高，问题出在哪里？

如何提高河蚌生产的珍珠质量，又成了沈志荣的头等大事。

中山中路走百遍

为了搞明白珍珠质量低劣的原因，沈志荣开始频繁造访杭州。好在，水产大队干部大约也看到了珍珠人工养殖的价值所在，对他的工作相当支持。每次他提出要去杭州买工具，大队干部几乎都立马点头同意开介绍信。

那时，从雷甸到杭州的客轮，要走四五个小时，比摇橹船快些，但当天还是无法走来回。

沈志荣每次坐轮船去杭州，中饭都在船上解决，妻子经常变着花样给他做干粮。他在船上，吃一口干粮，就一口水，水也是妻子早上烧开了灌到军用水壶里的，就挂在他的上衣旁，怕他走时落下。

他从武林门轮船码头下船，就直奔延安路靠近中山中路的爱民旅馆。爱民旅馆干净，有热水供应，关键是费用也低。

去得多了，旅馆服务员都认识他，不用介绍信，见面就热情招呼："哎哟，小沈又来啦，这次打算买啥东西啊？"

晚饭就在附近的面馆，总是一碗杭州特色的片儿川。其实，沈志荣打小不爱吃面食，可是炒菜价格贵，他想把钱节约下来，好多买点珍珠养殖工具。

在杭州，他常去的地方是中山中路，因为在这里总能淘到别的地方没有的材料。那时，这条路上商店林立，是杭州城里最繁华的所在。沈志荣几乎每一家店都去走过，哪家店卖什么东西，他清楚得很，后来他眯着眼睛都能摸到想去的店铺。

这种喜欢逛店的习惯一直延续到后来。几乎每次出差，他都会带着他的助理或秘书逛商场，这倒不是他喜欢买东西，而是这种形式是了解市场、搜集产品信息的一种最直接方式。

他在那条路上买了好多东西：书，各式工具、材料，从铜丝、钢条、标本瓶，到显微镜、放大镜、各种医疗针筒、手术用具等大件都有。中山中路里能淘到别的地方没有的材料，这些都让他如获至宝，他自己也发明了不少河蚌植珠方面的工具，市面上买不到，就自己动手改造。

他最想找到一把好用的手术刀。

一般的手术刀，刀面是弧形的，放在玻璃板上切河蚌外套膜，很不方便。他理想中的手术刀，切刀面应该是水平直的，这样与玻璃板能够贴实，快速下切时，才不容易把外套膜压断切碎。但他几乎翻遍了中山中路的各家店，也托人问了医疗器械公司，始终没有找到符合要求的手术刀，他想来想去，打算自己动手改造。

手术刀没有，但钢锯条这种材料，还是很容易找的。他试验了多次，终于把锯条的齿面，用砂轮磨平磨利做成了小刀状，又找来杉木，劈好做成刀柄。沈志荣说，当初为做刀柄，他找木头都找很久，后来终于找到木材直且木质柔韧的杉木。成品完成后，“临床试验”了下，沈志荣很满意，因它“看起来虽然简易”，但“用起来很顺手”，在玻璃板上切片不仅速度快，虎口也不会疼痛。

只是，钢锯条容易生锈，一把刀沾水后，一个星期就锈坏了。沈志荣听说机油防锈，每次去中山中路，都捎带瓶机油回来，天天用棉布沾了擦。

锯钢条最易生锈的地方是和木头连接处，那里最容易积水，是重点的擦油部位。每次用完要擦一遍，第二天用之前，要用棉花再擦擦干净，才开始用。

后来，沈志荣发明的这种河蚌手术刀，略作改良后，被广泛采用。

手术刀勉强有了称心的，他又开始琢磨镊子和剪刀。镊子头太尖了不行，太短也不行，长度、尖度都要适中。剪刀也一样，每把都要试过。沈志荣亲自去剪子店挑，一把剪刀就要挑上半天，剪子店的服务员在边上站半天，听他说这不好那不行的，也挺无奈："沈师傅，您太挑剔了！"

沈志荣就道歉："对不住，不是你家剪子不好，实在是我要用的地方比较特殊，我要不亲自来试试，万一大批量买回去不得用，就麻烦了。"

这是沈志荣做事的一贯风格，喜欢琢磨，亲力亲为。再不懂的领域，但凡他感兴趣，都要搞个一清二楚，看看能不能借鉴利用。这种专注、好奇、一钻到底的作风，似乎是深入他骨髓的特质，一辈子从未改变。

在珍珠养殖的早几年，因为压力过大、三餐不规律，沈志荣得了肾结石，吃了些药似乎都不顶用，结石越长越大。某天，他偶然在一张报纸上看到一篇报道，说磁化水具有较强的溶钙能力，多喝磁化效应的水，能抑制肾内结石的形成或促进其排出，对预防、治疗肾结石有效果。

他向来有剪报收藏的习惯，这次也不例外。剪下来后，联想到自己身上的肾结石，他开始暗自琢磨，越想越觉得这科学分析不无道理。那时，后来风靡一时的磁化杯还没有生产出来，沈志荣想喝磁化水，就只能自己动手制作。

他到中山中路的书局找相关的资料，最后真被他琢磨出一个土办法来。他找来一个扩音大喇叭，拆出两块大磁铁，用这两块磁铁在家里自制了一个土法的磁化缸，每天喝这缸里被磁化了的水。

不管长期饮用磁化水是否真的对人体健康有助益，至少沈志荣认定此法有效，竟一喝就是几十年。直至今日，他每天早上醒来第一件事，仍然是先喝一杯磁化水。说来也怪，这水喝着喝着，肾结石就掉了，后来也确实没再生发。

他身边的人，对他做事的那股韧劲佩服得五体投地："就没他想做做不成的事。"

科研组错了！

中山中路像是沈志荣的外援知识库，大大拓宽了他的视野，激发了他的想象力。他知道，在他所未知的领域里，有他想要的很多答案，他决定加快学习进度，以改变贫瘠的知识储备，让自己的珍珠人工养殖之路，能走得更快更远些。

第一批珍珠养出来了，县里对他寄予厚望，不仅通报嘉奖，还任命他为珍珠养殖小组组长。在此之前，他虽然担着领头责任，但德清上下对他能不能养出珍珠一直心存疑虑。这一回算是给他正了名。

但是任命一下，却遭到一些科研人员的质疑。不同声音之下，人们潜意识里，似乎更相信那些高学历、有经验、科班出身的研究员，沈志荣不仅年纪小，而且只有高小文化程度，凭什么来当这个组长？

不久，浙江省淡水研究所“河蚌研究”小组成员，按指示到地方进行“工农结合”，调查后认为雷甸水产大队的珍珠养殖比较规范，群众思想基础又好，是实施“工农结合”学习的理想地方，于是下派来3个技术员，到德清雷甸水产大队定点学习。

知识分子下乡，一到村部报到时，就表示要虚心地向人民群众学习，“共同研究河蚌育珍珠”。

雷甸水产大队的珍珠养殖，在沈志荣的带领下，搞了三四年，已经摸索出了一点门道，收获了第一批珍珠，也算是渐入佳境。研究所技术员的到来，最初对于沈志荣而言，更是福音——来的都是搞科研的行家，他可以名正言顺地“偷师”了。

沈志荣跟着这些研究员，一起拟定科研方案，研究人工养殖珍珠现存的问题，探讨解决方法。研究所的那套课题操作程序令他受益匪浅，他第一次体会到科研的严谨性：研究不能瞎搞，每一个研究方向须立一个课题，上报可行性报告和研究方案，并记录详细的实验过程和结果，包括每一天的水温、气温、天气情况，使每一个环节都有据可依、有据可查。除了常规记录，还有分期的检查。

沈志荣觉得，跟研究所系统化、程序化的研究比起来，自己之前的所谓“研究”，像幼儿园小朋友玩过家家，看着热闹，实际是没有章法的瞎搞。这种科学的工作方法后来被沈志荣借鉴过去，用在之后的研发生产上，成为欧诗漫企业文化的重要组成部分。

但工农结合的研究并没有顺利太久。一个关于如何更好地给珍珠插种的技术问题，激起了沈志荣和研究所成员之间的矛盾，也将他推到了风口浪尖。

如今众所周知，培育淡水无核珍珠的常用手法，是将细胞切片移植到另一个河蚌的外套膜结缔组织内。但是当沈志荣将珍珠质量劣大于优的现状提出后，淡水研究所科研员认为，珍珠的大小与质量好坏，取决于外表皮细胞片的厚薄，还与细胞片是长方形还是正方形有关。

他们认为，河蚌的外套膜细胞皮层越薄越好，植入方形的外表皮，这样出来的珍珠才圆润。40多岁的老研究员做出的这番论断，得到了科研组全体成员的支持，他们的依据是，当时国内搞珍珠养殖的人，都认为想要培育出圆润的珍珠，外套膜细胞皮层越薄越好，细胞片一定要裁成一个方块，而且在玻璃板上停放一段时间使细胞片收缩，方可用。

但这个论断，与沈志荣的经验大相径庭：“外套膜根据蚌的大小本身就有厚有薄，如果用刀刮薄，把细胞皮刮死了，外套膜结缔组织不容易合起来，会使细胞小片死亡，后面都变成了脓包，珍珠还怎么长出来？”

他的操作方法是：用开口器插入育珠蚌的两壳之间，撑开双壳到一定宽度，插入木塞加以固定，用开口针在育珠蚌外套膜上横向开口，接着，将从植片母贝外套膜切下的长方形细胞小片沿通道送入。切片既不能植入太深，也不能太浅。太深，会拉大小片的距离，减少插片的数量，影响产量；太浅，切片就容易掉出，也易沾染污物，形成污珠或乌珠。同时还不能损伤母贝的内脏器官，每一道工序，都直接影响着后期母贝生长分泌珍珠质的品质。

这套植珠方案，是沈志荣依靠经验以及那两年阅读大量专业书籍所得的理论知识，并结合他自己研究出的一套颇具独创性的河蚌植核工具才实现的。

然而，一个没文化的渔民 pk 科研专家，听谁的？沈志荣没有任何优势。

他去与他们争论，认为专家的方法论，是从医学植皮的方法推理，全凭想象，不像他，已经通过实践验证，“我不唯上，不唯师，只唯实，只相信事实。请你们也相信事实”。

在沈志荣看来，有分歧就会有争议，不同声音的存在，是非常正常的一件事。但在别人看来，显然不是这么回事。

有人跑书记那里，告了一状：“书记，这个小沈太骄傲，太自以为是了，他这样，我们研究没法搞了呀。”

书记气不打一处来，把他叫去批评：“你怎么回事，跟他们意见不统一，还不谦虚！”

沈志荣憋了一肚子气，却也只能跟着他们去刮外套膜，这么刮了几个月，越刮越担心。按他之前摸索出来的办法，一百只河蚌能培育出一斤左右的珍珠，但按照研究所的方法，几个月后，撑开蚌口，看里头稀稀拉拉的珍珠囊，五六百只母蚌，两年后一斤珍珠都收不到。这已经不是1967年沈志荣刚刚接触珍珠养殖的时候，经过三年的发展，就珍珠的培植插种来说，细胞片比以前插的更多，技术也更熟练，但珍珠就是不长，太奇怪。

“科研组肯定错了！”沈志荣心想，可他再找那些研究员去提建议，人家还是不听，加上他之前说话太直，得罪了人，研究员都以为他是来找茬的。

沈志荣心里急得要命，他决定还是让事实来说话。

等研究组完成“工农结合”使命回到淡水所，沈志荣独自进行了一个对比实验：把一个河蚌的左右两面，一面用科研组刮薄外套膜的育珠手术方法，插入方形细胞片；另一面保持他以前的做法，插入长形细胞片。

三四个月后，又到了河蚌结珠的时候。沈志荣非常相信自己的判断，但是临到检验成果的时候，内心依然不免有少许惴惴。捞上河蚌之前，沈志荣深吸了一口气，整理了下思绪，回想当初第一次从养殖的蚌壳里收获珍珠的情景，他的眼神又坚定了些许。

捞上河蚌打开一看，沈志荣长舒一口气：“我是对的！”

他把自己对比实验结果整理了一下，带着30多只插片母蚌，找到科研组研究员，那群研究员将信将疑：“怎么可能啊？”

他当场就把那30多只河蚌全部解剖，取出已经成型的珍珠，放在天平秤上秤。甲面多少，乙面多少，逐一做记录，结果符合沈志荣的论断。

但这样，仍然无法完全说服研究员，他们认为实验标本数量太少，提出再做一次实验。沈志荣同意了，他也不动手，就让研究所的研究员主导，用他的试验方法，种下了几百个母蚌。

一年后，事实再次证明，沈志荣的坚持是对的！

那年，浙江省淡水研究所专门向各水产大队、珍珠养殖人员下发了一个通知：河蚌外套膜不能用硬的东西去刮，以防刮了之后损伤细胞片，影响珍珠质量。

就中意他身上这股劲儿

就养珍珠这件事来看，沈志荣的执拗、倔强、不撞南墙不回头的特性，表现得淋漓尽致。

找到养殖珍珠的方法之后，沈志荣几乎所有的业余时间，都投入到了如何提高珍珠质量的研究实践中。在村里人看来，这人简直是魔怔了。

相熟的大婶在河边洗衣时，遇到沈志荣的妻子，总忍不住劝几句："阿荣媳妇，你也劝劝你家阿荣，你看他家里事情不管，带三个大姑娘，成天泡在水里，像话嘛！"

妻子倒是挺安然的："他就是这样的人，牛脾气。"可不是，妻子在心里想，当年中意他，还不是中意他这锲而不舍的劲儿么？

沈志荣认识妻子的时候，是他进雷甸联合养鱼场的第一年。鱼塘里为了防止鱼群外逃，要在河底竖竹帘做栅栏，扎竹帘要用到不易腐烂的棕绳，渔场里专门有工人搓这个。

因为会竹工，沈志荣常常被安排扎竹帘，一来二去，同编棕绳的这个绍兴姑娘熟悉起来。姑娘中等个儿，眉目清秀，留着“革命头”，干活时常戴着一顶凉草帽。性子好，经常操一口绍兴腔同人打招呼。

沈志荣最爱听她的声音，软糯软糯的，“听起来非常舒服”。

于是他就常常往编草场跑，找机会和姑娘说话。日子久了，旁人看出眉目来，他一去，旁边的女工友就去捣姑娘的腰，姑娘扭头看见了，脸红红的，等他走近了，细声细语地回答他的话。沈志荣有时会跟她讲讲自己又被派去守夜了，趁机翻《新华字典》学了哪些个字，有时候索性不说话，坐在一边看她麻利地编棕绳，看见她手上沾的发黑树浆和大大小小的茧，暗暗心疼。

渔场有热衷做媒的“马大姐”，瞧见这桩良缘，两家一撮合，这事就算成了。那已经是沈志荣工作的第二个年头，这位绍兴姑娘正式和他确定了恋爱关系。

那个年代，人们的婚恋观保守，确定恋爱关系实则是定亲。

按照绍兴的风俗，沈志荣怀里揣着200元钱——那是继父在国营渔场当工人攒下的积蓄——去姑娘家里提亲。老丈人在运输公司当修船工，家里孩子多，家境也富裕，见小伙子长得俊秀又懂事，便应承了婚约，只是两个孩子都才十几岁，也不着急办婚礼，说定了过两年再嫁。

只是没想到，到1969年，去内蒙古下乡支边的名单下来了，姑娘的名字赫然在目。老丈人急了，这闺女要是去了内蒙古，啥时候回来不知道，那婚约肯定得黄，立马给沈志荣捎信，催着他们尽快结婚。

结婚也就是个仪式问题。只是时间太仓促，而且当时都在大队里挣工分吃饭，家里没余钱，房子家具都没有置办。渔场有个小的仓库，约莫有10多平方米，沈志荣向渔场领导打了个报告，借来作新房。他爱人把母亲的床挪过来作婚床，至于桌椅等家具，也只能靠借来应付。

东苕溪，水清清，水鸟结对双双飞。

结婚那天，沈志荣从早到晚都在紧张。按当地风俗，新娘要从娘家发嫁，他赶到绍兴去接，乘火车到杭州，再换轮船，天擦黑，迎亲队才回到德清雷甸。

在那个物资极为匮乏的年代，窗户上贴个红“喜”字，两个铺盖放一起，这就算成家了。

当初沈志荣没日没夜地研究珍珠养殖技术，妻子心疼他："劳逸结合才能提高效率，你咋就这么轴呢！"

"不行不行，要是不搞明白，我睡都睡不着！"他温柔地看一眼妻子，还有俩月，他的第一个孩子就要出生了，他伸手摸摸妻子高耸的肚子，嘴里说的却还是珍珠的事，"你说我要不要去杭州买几本科普书？你想，我就上了五年半的学，养珍珠要讲科学，我脑袋里的知识远远不够嘛。"

越讲越觉得买书这件事势在必行，一刻都坐不住，拔腿就去准备。每当这样的时候，妻子会在后面追着提醒："你倒是带点干粮灌壶水啊！"

两人结婚以后，虽然生活清苦，妻子却从来没有任何怨言，沈志荣有时感到抱歉，她就笑着安慰他："谁家不是这么过的呢？"

在第一批珍珠还没有收获之前，村里人风言风语，甚至当面对他妻子说："我说你家阿荣成天捣鼓河蚌有用吗？珍珠这么好养的？别是躲着不肯干活吧？"

妻子从来不会把这些话传给沈志荣听，他有时自己听到了，生着闷气回家，她还安慰他："他们不懂，等你做成了，他们会明白的。"

妻子的理解和支持，是沈志荣全身心投入珍珠养殖事业的关键，几十年来，她一直在他身后默默支持，从无怨言。在沈志荣陷入困局、面临无尽的流言和非议时，有妻子有儿子的家，就是他最安心最放松的心灵栖息地。妻子就是他生命里的另一颗珍珠。

1970年4月，他们的第一个儿子伟新出生，接生婆还是沈志荣自己划船去找来的。又过了两年，第二个孩子伟良也相继出生。

沈志荣工作忙，回家时间太少，不是捕鱼就是搞珍珠养殖。但妻子也要工作，两个小孩子，只能一人带一个到上班地方去。伟良还小，要吃奶，由妻子带着，伟新就天天跟着父亲。

沈志荣带儿子去养鱼，都是住在河塘边的纱棚里。父亲去河荡捕鱼，他就乖乖待在船上；父亲插种珍珠，他就和小伙伴在廊檐下玩；有几次，父亲去上海卖珍珠，他被寄放在上海亲戚家里，锁在一个只有五平方米的房间里，伴着一个玩具就是一天。

两个孩子都是在两岁就由父亲教会了游泳，渔家的孩子都是这么从水里泡出来的。

“我家两个孩子，都是老实的好孩子，同我一样不会耍滑头。”

“他们小时候，我对他们管教很严，如今想来，觉得有些后悔。我管得太严了。”孩子们长大以后，沈志荣有一次曾和朋友这样感慨。

年轻的时候，沈志荣对孩子的要求比较严苛，一直到他们大学，这个爸爸还在“威胁”儿子，“如果我知道你在抽烟喝酒，爸爸就停供生活费”。

在孩子的教育方面，沈志荣的妻子很少插手，这个温婉的江南女人，毕生的功课是：全心全意地照顾好家里的三个爷们儿，并无条件地支持他们的事业。从最初的相识，她就信任他，被他身上的品格深深吸引，她期望孩子，能成为他们爸爸这样顶天立地的汉子。

如今，沈志荣眼里的两个老实孩子，都已经是欧诗漫集团的顶梁柱，老大是集团老总，老二负责化妆品公司。这些年，沈志荣早已不太管公司里的事，新生代力量的接管，给这个老牌公司注入了无限的活力，欧诗漫这些年的发展，令沈志荣对年轻人刮目相看。

聋子听不到狗叫

时局动荡的年月，想做点事，着实不容易。

因为社会主义渔业改造，雷甸渔场水域和公社渔民的湖泊合并，成立了雷甸水产大队。十一届三中全会以后，雷甸水产大队又改称为雷甸水产村。

1970年，随着沈志荣珍珠事业的起步，更多问题和矛盾接踵而至。

渔民“渔改”，一个水产大队500多个人，占有3500多亩水面的养殖权，这是县人民政府盖了大红章确认的。

可是，种田的农民对此意见很大。有少数人擅自在水面上种植水草、水花生和水葫芦，好用来做猪饲料。然而，河面被水草覆盖，致使水里氧气不足，阳光也照不到河底，水生物都死掉了，水质发臭，鱼群也因为缺氧大量死亡。

再有，水葫芦在水面随风飘浮，农民摇船去采，常常破坏渔民的揽鱼设施，矛盾多次激化，几次差点激发起大队与大队之间的斗殴。

适合渔民捕捞的水域越来越少。改革开放后，乡镇企业兴起，原来水产大队的渔民不再养鱼，而是去厂里上班，水产队陆续消失。后来，整个德清，只余下最后一个水产队，那就是沈志荣所在的雷甸水产大队。

雷甸水产大队尚坚挺的原因很简单，因为珍珠壮大了水产大队的集体经济，所以没有被撤销。

“沈志荣搞得很出色嘛，搞珍珠要水，不好给他取消，就保留雷甸水产大队吧。搞出来就是主要的经济来源。”这些话，传到沈志荣这里，他肩膀上的担子仿佛又重了几分。

全队上下都对沈志荣寄予厚望，但人工养殖珍珠是一个烦琐而漫长的过程，从摸河蚌、插种，到养殖、珍珠成型、收获珍珠，到最后出售获得收益，前后周期短则三年长则五年，甚至八年。

没有几个人能像沈志荣这样，有足够的耐心等待沙砾变成珍珠，初期的低产出率，也让人们信心不足。

各种流言再次四起，比以往来得更加猛烈。

“你拼命弄珍珠，家都顾不上，可人家私底下都在骂你。我听了很不好受。”妻子听到了些闲言碎语，第一次忍不住跟沈志荣述说。

沈志荣能理解渔民们的不平衡。他们长年都在室外作业，在烈日下炙烤暴晒，有时连夜里都漂在河上，风吹雨淋。而珍珠养殖组的这些年轻男女，坐在房子里工作，房间里还装了电风扇。这样一比较，谁都会心里窝火。

更让沈志荣如鲠在喉的，是水产大队领导的不理解。书记也听到了社员的流言，特地找到他，隐晦地表达了不满，言语间的微词，让人既难受又恼火。实在急了，沈志荣也会争辩几句：“你们领导同志不懂业务也就罢了，听到一些风言风语，怎么能不顾事实情况来泼冷水！”

悠悠众口，志同者寡。沈志荣也认真审视自己，是不是真的做错了？眼前这白茫茫的河荡里，珍珠真的是个出路吗？

最初的苦恼并未持续多久，看到珍珠养殖希望的沈志荣，早已学会了内心豁达，“你们不理解，我就用事实来说服。我一定要搞出样子来。有朝一日我一定要把珍珠产业做大，超过你们的渔业收入”。

农村有句俗语，叫“聋子听不到狗叫”，大意是将那些恶语中伤的话，当作耳旁风，耳朵听不见，心不烦。

沈志荣对自己说，从今往后，他要做个聋子。“管那么多干吗？嘴巴长在他们身上，就让他们讲吧。我怎么会因为几句诋毁的话放弃呢？我不怕的，老天是长眼睛的。”他那时这样劝解妻子，让她也放宽心。

也是从那天开始，沈志荣心里憋了一口气，路要一步步地走，有些看起来没有希望的事情，往往是因为坚持才看到希望。

在过去的三年里，沈志荣已经发现：相比褶纹冠蚌和背角无齿蚌，三角帆蚌这种蚌类孕育出来的珍珠又白又亮，几乎不存在色泽暗黄的次品。在相同的环境下，他有意识地将一定量的三角帆蚌和褶纹冠蚌及其他蚌类分开养殖。

实验结果表明，所有河蚌中，无论是手术操作简易度，还是产量、成珠大小和产珠的光洁度，三角帆蚌都明显优于其他蚌类。

与此同时，他还发现，和人们此前的认知相反，河蚌生存的环境，不是越干净产出的珍珠就越优质，而且，同一个母蚌的两片蚌壳产出的珍珠质量相差很大。为什么会出现这个这种现象呢？他提出了一个怀疑：是不是与插种时间的先后有关？

于是他开始做对比实验，在插种的蚌壳上刻上字，以区分先插的一面和后插的一面。经过两年的对比，最后发现插种时间的先后对珍珠的质量并没有影响。

一个偶然的机会，沈志荣发现蚌壳长青苔的那一面长出的珍珠比干干净净的另一面质量好。为了搞清楚原因，他又开始研究，后来发现，长青苔的一面都是向阳的，蚌壳能充分接受光照，原来光照对珍珠的形成有着重要的影响，光照充分的那面蚌产出的珍珠质量更好。

以前养殖珍珠，珍珠蚌都是平放的，平放着的底面蚌壳见不到阳光，产出的珍珠质量不高。为了解决这个问题，他发明了一种网笼，可以将珍珠蚌竖起来放在里面，这样蚌壳的两面都能充分接收光照，产出的珍珠质量大幅提高。

“没想到养珍珠是这样的。”沈志荣兴奋地说。

问题就是这样，一个接着一个地来，刚解决掉一个，成功的喜悦还没维持两天，新的烦恼又来了。

有一天，大队书记端着个搪瓷杯又来找他，隐晦地提出，是否可以先杀一部分蚌取珠卖掉。他听说上海有贸易公司到处在收珍珠，卖了多少能贴补大队的收入。

当时，整个大队的经济还是以渔业为基础，大队里500多号社员，靠一年15万的贩鱼收入养活。随着整个渔业的萎缩，鱼产量骤减，大队的领导们成日里忧心忡忡，而珍珠培育小组，因为工作量逐年上升，到1970年下半年，专职员工已经从最初的高雪娥、姚美英两人，增加到了七八个。虽说男劳力被大队派去做捕鱼的重活，参与培育珍珠的大部分是妇女，但是她们的活计一点都不比捕鱼轻松，连到河里去摸河蚌也几乎由她们负责了。

摸河蚌是个苦活。珍珠养殖场分三个工作组，耙蚌组、插种组、养殖组，每组有组长，分工明确。耙蚌组的工作就是到处去捞蚌，每天的数量由耙蚌组长定，对每个人进行考核，一般情况下，男的捞一天12个工分，女的一天8分，超额完成有奖励，完不成也是要扣工分的。

任务一下达，几个妇女一组或者夫妻搭档，开一艘船，带着长竹竿和耙子，到嘉兴、嘉善的河荡里到处去捞，一去就是十天半个月。那时，沈志荣已经定下，育珠蚌只要三角帆蚌，这就给耙蚌工作增加了难度，但只要育珠室还需要珍珠母蚌，就是12月里，天气再寒冷，他们也要跳进冰冷的河水里。

沈志荣比谁都心疼伙伴们的艰辛，他仔细考虑，觉得这回自已还真不能再当聋子。此时，第一批有规模的珍珠蚌，养河里已经有两年了，虽然不是最佳采集时间，但想收也还是能收的。

“取吧。”他做了决定，他想着，不管如何，卖出去一点，也算是给伙伴们的一点鼓励。

第一批采集的珍珠数量不多，个头也只有麦粒大小，拢在一起约有三四斤，由沈志荣背到上海的工艺品进出口公司，竟然卖了一两千块钱，平均下来一斤珍珠能卖到四五百块钱。要知道，当时水产大队的人均月工资还不到30块呢。

上海工艺品进出口公司的人问他，珍珠还有没有？有的话，多少他们都收。

“有！有！有！多着呢！”再没有比这样的问话更让人高兴的了，狂喜的沈志荣一迭声地回答，这样品相的珍珠都能有这样的收入，那足年采集上来的，不是更可观吗？！

沈志荣兴奋极了。

将珍珠还原为月桂树眉！

带着珍珠换来的钱，沈志荣回到了雷甸。大队书记接过那一叠钱的时候，还不太敢相信，一连问了几遍："真是卖珍珠的钱？怎么这么多！"

消息长了翅膀似的飞遍雷甸，等沈志荣从大队支部往家走的时候，收到了社员比以往任何时候都热烈的招呼。

上海回来后，沈志荣开始有计划地安排珍珠的养殖和采收，珍珠培育小组的人数也不断增加，最忙的时候，一度达到300多人。珍珠的年产量，也从三四斤，到20多斤，逐年成倍增长。20世纪70年代初，一公斤品相好的珍珠可以卖到两三千元，而沈志荣的珍珠培育小组，一年收60公斤不在话下，这笔收入在

“凭工记分”的人民公社年代，简直是一个不可思议的天文数字。

沈志荣渐渐成了远近闻名的珍珠大王。

雷甸水产队的珍珠养殖，终于熬过了最初的成长期，一些地区看着眼热，苦于没有技术，专程上门邀请，请雷甸水产大队养殖场到他们那儿建珍珠养殖分场。

沈志荣有个珍藏多年的小笔记本，上面粗略记载了当时来参观的外地考察团，包括江苏、湖北、江西、安徽等多达18个省市的人，一拨接一拨，应接不暇。

20世纪70年代中期，雷甸的珍珠养殖，无论是规模还是产量，都已在全国居首位。

1975年，又到珍珠丰收的时节，沈志荣带队，四百斤珍珠，分几担挑，送到上海国贸公司，珍珠科的人惊呆了，别的养殖场也就弄个两三斤，他们倒好，跟担米似的这么挑过来！

这么多珍珠，珍珠科五六号人，实在吃不消检核，干脆给了几颗样板，让他们自己把合格的挑出来。

为此，沈志荣带着两个帮手，在上海的宾馆住了一个多月，国贸公司的人上班，他们也准时到场，国贸公司的人下班，他们也就打道回府。最后结账回去，四百斤珍珠，就算只有三分之一合格，那也足够让人艳羡嫉妒了。

回程的路上，沈志荣把销售款贴胸放着，时不时拿手按一按，心口沉甸甸的重量，是雷甸人的希望，更是他此生梦想的一个支点。那种满载而归的兴奋，沈志荣终生难忘。

随着销售额的增长，“珍珠大王”沈志荣渐渐成了远近闻名的能人，邀请函像雪片一样飞来，都是请他去传授育珠经验的。人人羡慕雷甸出了个沈志荣。要知道，那个年代，渔民生活水平普遍不如农民，但雷甸水产大队因为珍珠养殖成功，人均收入大大反超。1980年，水产队人均年收入超过了1000元，而同地区的农民，人均年收入还不到70元。

赞誉如潮，沈志荣的内心却始终保持着一份清醒。

这些年，每次去上海交易的情形都历历在目，虽然他们的珍珠整体卖了个好价钱，但质量整体处于中下档，甚至还有不少被拒收的残次品。

因为，珍珠和宝石不一样，宝石需要经过雕琢，才显出它的珍贵。而珍珠这种“有机宝石”，在它被从珠蚌中取出来乍见天日的那一刻，就已经明确了价值高低。

同样是珍珠，价值差异之殊，在大小、圆度、光泽，还有瑕疵率。一颗小而不圆且瑕疵明显的淡水珍珠，可能最多值几元钱，但品相好的大珍珠一颗就能卖几百甚至上千元。至于那些被用来出口或者制成珠宝工艺品的珍珠，要求更苛刻，必须达到珠宝级标准。

但由于当时珍珠养殖技术尚不够成熟，珍珠瑕疵率极高，形状大多不规则，因此商业价值较低。

那些卖不出价甚至卖不出去的珍珠怎么办？只能背回来锁进保险箱，但一年、两年下来，实在存不下，扔掉又可惜。沈志荣意识到，随着珍珠养殖的规模扩大，废珠数量将翻倍增加，如果放任下去，不但库存是个问题，这样的浪费也实在可惜。

他常常抓一把废珠在手里，感受珠子贴在肌肤上温润如玉的触感。这些珍珠，也是育珠人辛苦培植、母蚌经历几年的阵痛孕育出来的，怎样才能发挥它们该有的价值呢？

正在他苦思冥想期间，一个社员对他说：“组长，你以前不是说珍珠是治刀伤、枪伤的良药吗？要不咱卖给药店试试？这些废珠难看是难看了点，药性不妨碍吧？”

一语惊醒梦中人：对呀，这不是我梦里的月桂树屑吗？！而且嫌珍珠长得难看，碾成粉不就看不出来了吗！

他想起曾在解放路的书店，翻到过一本医书，似乎有提到过珍珠的药用价值，于是专程跑了趟杭州，果然在几本书上找到了出处。

明代李时珍所著《本草纲目》在卷六四记载了珍珠的功效："珍珠味咸，甘寒无毒，镇心点目。涂面，令人润泽好颜色……安魂魄。止遗精白浊。解痘疔毒。"

《中华人民共和国药典》和《中药大辞典》也有相关记载：镇心安神，清热堕痰，解毒生肌，清热消渴，收痉溃疡，可治惊悸，抽筋，癫痛。

一本现代医学杂志上专门提倡女性多用珍珠，称珍珠在提高人体免疫力、延缓衰老、祛斑美白、补充钙质等方面同样具备独特的功效。

沈志荣在笔记本上把这几段摘抄下来，带回来跟伙伴们商量。伙伴们觉得，珍珠深加工不失为一条路子，毕竟那么多废珠，躺在保险箱里长蛛网，想想都扎心。

其实，早在1972年，正值雷甸珍珠收益大幅上升的一年，沈志荣在大规模培植珍珠的同时，就一面研究三角帆蚌的人工繁殖技术，一面带着大伙开拓珍珠深加工业务，解决废珠库存难题。

我这条命是捡来的

与其他中药材一样，珍珠的应用，也必须把珍珠打成细末，经过适当的加工处理，才能发挥其功效。清朝《本草求真》指出：珍珠粉越细，越有利于人体的吸收和利用，太粗则容易伤人脏腑。

究竟要多细才符合标准？《中华人民共和国药典》规定：必须让珍珠粉达到200目，“目”是珍珠的粒度单位，也就是1平方英寸（大约6.45平方厘米）面积筛网的网孔数，要达到200个，才能制成药。

珍珠质地坚硬，为了将珍珠碾磨成粉，沈志荣绞尽脑汁想了很多办法。

技术和设备从来都是新项目最初的障碍。这一次，为了解决珍珠磨粉的设备难题，沈志荣差点丢掉了性命。

最初，他按照中药店老师傅碾磨中药材的方法，用铁车床研磨；还照着《本草纲目》所载古方，将珍珠包裹在豆腐里蒸煮，试图通过高温加热使珍珠的质地变疏松，结果都不尽如人意。

后来，还是农村里加工猪饲料的粉碎机派上了用场，珍珠才如愿被碾碎，只是用水一冲洗，粉末全部泛黄。拿去一化验，显示珍珠粉里含铁量超标。原来，饲料粉碎机的锤片硬度不够，与珍珠反复撞击下，剥落的铁质成分与珍珠粉混在一起，碰水就生锈。

沈志荣琢磨来琢磨去，珍珠硬度在莫氏（硬度单位）4级左右，那么“锤子”必须达到莫氏5级以上，关键是去哪找硬度这么高的锤片？

一次偶然的机会，沈志荣从一个工厂的老工人处了解到，硬度极高的高碳钢，或许适合他对锤片的要求。他当即跑到附近的矿山，找来了原先用作开山碎石的高碳钢，再请杭州一家刀片工厂帮忙加工。

锤片带回雷甸的那一天，沈志荣叫上一个同事，打算一起见证这个意义非凡的时刻。在他的设想里，解决了锤片的硬度，就等于攻破了技术难题，珍珠粉的制成马上就可以实现。

同事把锤片装进粉碎机里，打开机器，在“突突”的声响里，倒进去一小碗珍珠。突然，巨大而尖锐的声音在他们耳边炸开，碎片呼啸着从眼前飞过，脚下的土地和头顶的房梁都在震动。沈志荣的第一反应是，赶紧拉着同事蹲下。

“爆炸”也就是一瞬间的事，等周围动静小了点，沈志荣才敢起身。抬眼望去，暂时充作加工厂的房间，犹如台风过境，一片狼藉。屋顶被铁片砸出一个窟窿，墙壁上、房梁上，斜刺里插着一块块碎片，边缘锋利，好像飞刀。

耳膜还在嗡嗡作响，四分五裂的粉碎机还在地上苟延残喘地“突突”，沈志荣使劲晃晃脑袋，看看脸色煞白的同事，最后鼓足了勇气，拉掉了机器的插头。

至少有10分钟，两个人都没有说话，静静地听着自己擂鼓般的心跳，惊魂未定之余，更是后怕。高碳钢的锤片硬度倒是高了，可脆度也很高，机器高速转动后，锤片和坚硬的珍珠一相遇，立刻断裂，万幸碎片都是往上飞的，哪怕只有一片，横着削过来，他们两个的性命就都交代在这了。

当天晚上，沈志荣回家时还心有余悸，跟大儿说：“伟新啊，你爸捡回了条命。”

惊心动魄的实验所带来的后遗症是，后来每次做这类实验，沈志荣都忍不住先猛吸一口气，以迅雷不及掩耳之势打开机器，跟着拔腿跑到门外，远远地观察。

万幸再没遇过危险。

1974年，沈志荣在广东英德淘来一座“英石”凿成的石磨，当地人说，这石磨硬得很，连石头都能磨。他千里迢迢拉回来，一试，果然能成。

只是，石磨太重，人工拉磨吃不消，他就想办法控制电动机带的转速，带着石磨缓缓走，终于将珍珠磨碎。最初只能磨到200目的标准，几经改良，500目、600目这样的细度都能很轻松实现了，就当时的设备和技术水平而言，这细度已经非常高了。

第二年年末，沈志荣正式提交申请，筹办珍珠粉加工厂。

当时，因为国家出口创汇需要，国家政策允许养殖珍珠，但办珍珠粉加工厂，政府是不是允许，政策上是不是违规，沈志荣心里没底。

好在雷甸水产村原本就有办养殖场的体制先例，第二年，中国第一家珍珠综合利用企业、浙江省首家珍珠粉厂——德清县雷甸珍珠粉厂正式成立，坐落在雷甸水产村一个不起眼的角落，没有鞭炮声，没有锣鼓响。

这家以珍珠为原料的加工厂，在改革开放后逐步发展成了制药厂，按国家 GMP 药品生产标准，以淡水珍珠为原料，生产口感好、质地纯净、细腻，容易消化吸收的系列优质珍珠粉，品牌名叫“鹤鸣”牌。

珍珠粉厂的创立，意味着沈志荣在珍珠深加工领域跨出了第一步，意义非凡。几年后，沈志荣研发的深加工产品越来越丰富，而珍珠粉一直是欧诗漫的拳头产品，深受客户信赖。

都叫他不要搞了

几年前，沈志荣就开始尝试对三角帆蚌的人工繁殖技术进行研究。当时中国主要的养珠区，几乎都将河中数量众多、最容易获取的褶纹冠蚌作为了主要的育珠蚌。

自从他发现，三角帆蚌在手术操作、产量及产珠质量等方面都优于其他蚌类后，就毫不犹豫地将三角帆蚌选作了主要的育珠蚌，并开展大规模生产。

三年后，三角帆蚌的人工繁殖技术已经成功，沈志荣研发的提高珍珠质量的技术已经日趋成熟，他研究的系列成果——改进植珠工具、规范珍珠养殖程序、细化操作步骤等，将浙江省的优质珠（按当时外贸出口标准，1—3级为优质珠）比例从原来的7.6%提高至70%。

1970年是首次批量采收养殖珍珠的一年，这一年，江浙一带珍珠养殖业随之勃兴，越来越多的人成为育珠工，但问题随之而来：由于过度捕捞，用于优质珍珠养殖的三角帆蚌数量急剧减少。珍珠培育队一天要派十几艘船出去，走更远的水路去捞，否则无法应付越来越高的产量要求。发展到后来，光靠捕捞，已远远不能满足日常的插种，沈志荣只好跑到外地去，用火车一车皮一车皮地买回来。

但这毕竟不是长久之计，养殖珍珠的渔民越来越多，到处有人抢蚌源。而且单是这些采购河蚌的运输就是个问题，从外地运蚌，先到临平火车站下货，再转到码头装船。火车站和码头路程颇远，为了把河蚌运回去，有时候水产大队一次要派去近200个人，肩挑背扛运河蚌。

更何况，这么辛苦抢回来的三角帆蚌，不是每只都能入沈志荣的眼。他内心充满紧迫感，三角帆蚌人工繁殖的研究势在必行。

沈志荣又一次着了魔似的，往省城、县城的书店钻，在落满灰尘的角落里，搜罗了一切与河蚌有关的书籍。《藻类学》《水化学》《贝类学》这些无人问津的专业书，成了他心尖上的宝贝，他一遍一遍地翻阅，逐字逐句的研读，笔记整整做了三大本。

他去跟淡水所的研究员请教。研究员说，人工繁殖河蚌理论上是可行的。这给了沈志荣很大的信心。

为了搞清楚三角帆蚌生长的栖息地，他开始一遍又一遍往五六米深的河里扎，没办法，珍珠培育小组虽然队伍一扩再扩，但除了他，都是姑娘。

这么潜水摸了一两个月，沈志荣心里有了底，开始进入珍珠培育的第二个阶段——人工繁殖育珠蚌。第一步，就是在育珠室外挖口池塘做实验场所，以便就近观察。

3月末，正是德清的春季，油菜花烂漫盛开，染尽山野。沈志荣扛着一把锄头、两把铁锹，挽起袖子，卷起裤腿，独自开挖水塘。

水产大队水域面积大，农田土地少。有社员听说他要挖池塘养河蚌，眼珠子都瞪出来了："河蚌不是河里有嘛，用铁耙去耙，年年有的是。再说，你会养河蚌？瞎弄。"

那应该是沈志荣一生中最为艰苦的时日了。挖那口小池塘，他又当泥水匠，又当挖掘工，还要当推土工，江南水田的黏土既重且难挖，他身上的衣服湿了干，干了又湿，一天的重体力活下来，几乎要爬着回家。

精神和身体的双重压力下，他患上了神经衰弱，每天要吃好几种药，瘦到皮包骨头。

一天中午，天空阴着，空气闷热，湖岸边的杨柳，垂直纹丝不动，像是要下雨的样子。他心里着急，想赶一赶工期，于是推着辆木板车，从已成型的池塘底运烂泥上来，刚爬到坡上，忽然眼前一黑，一个倒栽葱倒下了。

妻子闻讯赶到的时候，人们已经把他从泥水中翻过来，这个瘦得已经不像样子的男人，脸色煞白，嘴唇没有一丝血色，妻子的眼泪汹涌而出。她用力掐他的人中，给他喂水，他渐渐清醒过来，还虚弱地安慰她："没事，没事，让我喝口水就好。"

那口池塘挖了两个月，等挖完，他的身体已然透支到极点。这以后，身体不断出现问题，严重的胃病、肾结石，接踵而来，中药、西药每天不断。但饶是如此，沈志荣也不肯丢掉他的珍珠养殖。

三角帆蚌人工繁殖，池塘是繁殖成功后的育幼池，育苗却是要在独立的水缸里。河蚌的繁殖很有意思，它产出的卵实则是一种寄生虫，学名叫钩介幼虫，这种幼虫不会直接孵化成河蚌，它得寄生在鱼鳃或鱼鳍上，以吃鱼的分泌物为生，吸取足够营养后破囊落水，成长成河蚌。当地人形象地称之为“寄奶”。可以这么说，河蚌的生存很被动，它生下来的钩介幼虫，如果周围的环境不好，或者找不到寄生的鱼身，就容易死掉。

那么，三角帆蚌多久排一次卵？幼虫怎么寄生？什么鱼适合寄生？一条鱼寄生多少条幼虫不会死掉？什么样的温度对它非常危险？什么样的生存环境最适合？这些都是人工繁殖必须要解答的问题。

在宿主鱼的选择上，他大费周折。首先，不能选择性情暴躁的鱼，如果鱼性格太活跃，会导致钩介幼虫过早的脱落。其次，宿主鱼需要分泌足够多的黏性物包裹幼虫，以提供钩介幼虫发育所需的营养。他将各种淡水鱼试了个遍，最后选择了鳙鱼，也就是俗称的“包头鱼”，这种鱼性情温和，且分泌物多，是钩介幼虫寄生的最佳宿主。

确定宿主鱼后，沈志荣开始采苗实验。他借了好几个水缸，在上面搭个水塔，让水流从上面呈小瀑布状冲下来，水流大了不行，水流小了也不行。然后放入鳙鱼，把受精后的三角帆蚌母蚌一只只吊在采苗箱内，流水能刺激母蚌排放钩介幼虫，幼虫寄生在鱼体上，鱼体因幼虫的刺激而分泌黏性物包裹幼虫，幼虫即以分泌物为营养，完成变态过程，从鱼体脱落，形成仔蚌。

这么一个三角帆蚌人工繁殖过程，他整整研究了六年。这期间，珍珠培育小组的组员有多辛苦，只有身临其境方能体会。

那时，养鱼没有氧气泵。水缸空间小，钩介幼虫孵出来，如果在一条鱼上超量寄生，这条鱼是要缺氧死掉的。怎么办？沈志荣就想办法在缸里打孔，又从中山中路找来根塑料管，套在一个四分管的镀锌管上，插在洞里用水泥一封，算作出水口，然后想办法在缸顶搭水塔，往下滴水，出水量和进水量都是经过大量实验计算的。水塔里的水怎么办？那时又没有自来水。他们就轮番上阵，人工挑水，200多斤一缸水，昼夜不停。

一天夜里，轮到沈志荣这一组，他白天已经经过一天劳作，到半夜，熬不牢，想着就打个盹，谁知一下就睡过了。早晨，社员们进来，看到沈志荣歪在一边睡觉，缸里的水已经放干，里头的鱼全死掉了。这下可捅了马蜂窝。

那批人又叫了人进来看，控诉他们搞破坏，把鱼弄死了，少一条鱼大伙就少一分收入啊。“你们珍珠牛皮吹得当当响，还不是靠我们养鱼养活！”人口一张，什么难听的话都说出来，骂沈志荣，还骂他娘。

沈志荣自动把耳朵闭起来，不去听，也不去辩。

有人劝他，反正珍珠养出来了，端着这功劳不会饿死，就不要这么拼命了。但沈志荣说，这样子，他的内心无法安宁。因为他不喜欢被生活牵着鼻子走，他怕自己与梦想擦肩而过。

“倒灶鬼”掀了桌子

自此之后，沈志荣每天晚上做梦，不是“河蚌人工繁殖失败了”，就是“珍珠质量老是上不去”，有时候频繁得像出了幻觉。都说梦是反的，沈志荣这么想想，算是给自己一个安慰了。

从这时到1975年三角帆蚌成功实现人工繁殖的六年里，沈志荣在一次次的质疑、谩骂、阻拦中，咬紧牙关坚持。

他有时候也会觉得疑惑，他问妻子：“人心怎么这样？我做这些事，明明不是为了我自己，他们为什么要反对？”

妻子说：“毕竟好的结果没有看到，坏的结果一目了然，毕竟你把他们的鱼搞死了呀。”

也是，他做了六年的蚌鱼同生实验，河蚌没繁殖出来，鱼倒死了不少。有人说他脑子进水了，不好好琢磨养珍珠，非要搞什么人工育蚌，“真是倒灶鬼!”

珍珠大王，转头就变成了倒灶鬼。

别看沈志荣在研究珍珠、河蚌的时候，很沉得住气，耐得住性子，可O型血的他，其实生活中也是个有些性急的性情中人。

他知道社员都在议论他，从养殖场回家，为了避人，他总是趁天还没亮就出门，太阳落山才回家。但面对科研的不顺，村里人的指责，总也有心烦意乱的时候，最亲近的妻子不免成了他宣泄的出口。

他们成家的第二年，按农村风俗，沈志荣就和父母分开灶头做饭，自立门户了。这几年，一对小夫妻，拉扯着两个孩子，着实不容易。自从沈志荣沉迷在三角帆蚌的世界里后，家里更是窘迫，水缸没水了，烧饭的稻草木柴没有了。

妻子知道他不撞南墙不回头的秉性，也愿意支持他的工作；但沈志荣把自己搞得实在太辛苦了。每天晚上，看着丈夫拖着一身的疲惫回来，趴在床头半天都动不了的“惨状”，她心疼起来，就忍不住要说几句。

最让她受不了的，是半夜里，沈志荣常常从睡梦中惊醒，便从床上一跃而起，走到窗口望着湖荡，在静谧的深夜徒留叹息于幽深的水面。

虽然沈志荣从未和家人说过一个累字，但实验迟迟得不到突破，他内心的焦虑、郁郁寡欢的模样，身边人岂能没有察觉？

原本就不善言笑的他，因神经紧绷，越来越寡言少语，一开口就要训斥别人，谁都不知道到底哪里惹恼他了，家里人都小心翼翼地察言观色，尽量不去刺激他，不把外面的闲言碎语传到他耳朵里。家里的欢笑声越来越少。

而沈志荣自己，满脑子都是河蚌，根本无暇顾及。

一天早上，妻子忍不住又数落了他几句："都被骂倒灶鬼了，你还去养什么河蚌，种什么珍珠啊！"

这句话，一下触到了沈志荣的痛处。他心中的无名之火像被点着了，"腾"地在胸腔里炸开了。科研不顺的焦虑，外人指责的苛刻，家人的不理解，一下子掀开了压抑的井盖，火山似的爆发出来。他一抬手，掀翻了面前的桌子，妻子辛苦做的早饭，连同桌上碗筷，摔了一地。

床上的伟新、伟良，被突如其来的巨响惊醒，哇哇大哭。妻子跑过去抱住他们，眼泪扑扑往下掉。结婚几年了，两个人从来没有红过脸，妻子感到委屈。

桌子一掀，沈志荣内心的烦闷倒是去了大半，也知道自己的举动有点过火。他知道自己的秉性，脾气的确不太好，有什么看不惯的事情，火气大了喉咙就梆梆响，妻子一直挺理解他的。

沈志荣开始反省，告诫自己以后都不要和妻子吵架。

但他不太擅长哄人，掀完桌子，不知道如何安抚妻儿，只是闷声不吭地揪起外套，抄起一顶凉帽，默默走向珍珠养殖场。

那是他第一次在家里发这么大的火，也是唯一一次。后来几十年，他和妻子达成了共识，她发脾气时他不响，他发脾气了她也会让步，两人相濡以沫，恩爱非常。

但直到几年以后，他才对妻子说起对这件事的愧疚，他说：做他的老婆和孩子是挺委屈的，他挺对不起他们。

这件事让沈志荣意识到：自己并不是孤军奋战，如果不是妻子一直在身边支持，他哪里能心无旁骛地专心搞研究？

他开始理解妻子的辛苦。自己白天不挨家，有时夜里也要住在育珠室里，几乎把家当饭店旅馆了。妻子一个人照顾一大家子，工作之余还要种田种菜，相当辛苦，如今还因为他，遭受着一些莫名其妙的冷言冷语。

他开始试着带大儿子去上工，好减轻妻子的负担。

当时，那口人工池塘不能满足大批量的河蚌繁殖实验，他打算用网箱将河蚌移到黄婆漾的大水域里去，这样的培育更接近现实环境。只是黄婆漾离水产村太远，父子俩一去就是近两月。

黄婆漾的生活清苦，迎接他们的没有“接天莲叶无穷碧”，更没有“映日荷花别样红”。有的只是杂草稀疏、寂静、荒寞的黄泥滩，和一片浩浩渺渺、空空荡荡的水面。

父子俩生活工作的地方，是一条不大的木船，人往船尾一坐，船头就会高高地翘起，风一吹水一摇，船体就咣当咣当摇晃，漂在河面像一片柳叶，风吹到哪里船飘到哪里，当地人叫“活水船”。

夜里，父子俩睡在晃荡的小船上，数天上的星星，摇着摇着，伟新就窝在父亲臂弯里睡着了，而沈志荣想着独自带着小儿守家的妻子，充满了思念。

伟新从小吃过当渔民的苦头，更知道爸爸养珍珠的苦。不管周遭对爸爸有多少的责难，在伟新心里，父亲都是世界上最伟大的爸爸。

无论过多少年，伟新都记得那些年父亲付出的努力：“爸爸让我相信，大部分成功来自笨功夫。无论什么时代，沉下心努力做一件事情，肯定会有收获。”

沈志荣的两个儿子，成年后继承父亲的衣钵，而他这种“坚韧不拔”的养珠精神，也被孩子们传承下来。如今，沈志荣尚年少的孙子，也已将珍珠视为自己的事业、梦想，发誓要像爷爷一样，成为另一个叶金扬，让爷爷的珍珠累世流传。

至于妻子，和珍珠还有一些有趣的缘分。很多年以后，欧诗漫公司员工最喜欢的福利，就是享受内部优惠价，给自己买珍珠面膜敷脸美容，给父母家人买珍珠粉补钙。

关于珍珠的美容养颜价值，古籍早有记载。现代科学研究更是证实，珍珠不仅含有极易为人体所吸收的大量活化游离有机珍珠钙，而且富含18种氨基酸，21种微量元素，有静心安神，清肝明目，美白淡斑等功效。

但令员工们都很诧异的一件事就是，珍珠大王沈志荣的妻子，对珍珠却似乎是不太待见的，更是从来也没见她戴过什么珍珠饰品。

直到前两年，这辈子都没给妻子送过珍珠的沈志荣，才送了妻子一颗异形珍珠。

珍珠总是要越圆润越好，沈志荣差不多半辈子都在想着怎么把珍珠养的圆一点大一点亮一点，临到想送妻子珍珠时，却是想找一颗特别的。这颗奇形怪状得有点像爱心的，让他觉得特别有意思，就做成了项链。妻子戴上还蛮好看的，很喜欢。

沈志荣半开玩笑说，可能是因为我年轻时搞珍珠，害她吃了不少苦，她心里可能还是和珍珠拗着一股子气吧，看着珍珠多少心里有点腻烦，别人抢着吃的珍珠粉，她就是不要。

直到七八年前，沈志荣的妻子体检出来患了骨质疏松症，她还是拒绝吃珍珠粉补钙，沈志荣也不强劝，购买国内外各种钙片来给妻子吃。吃了一年，骨质疏松症并没有好转。

于是，沈志荣每天早上悄悄地往一家人喝的豆浆、牛奶里加一小勺珍珠粉，亲自搅拌好了，看着妻子喝下。

一年后，再次体检的时候，妻子惊讶地发现自己的骨质疏松症竟然缓解了，这时，沈志荣才告诉她珍珠粉的秘密。

“珍珠粉能美容倒是一直知道，想不到补钙也这么好呀。”妻子有些嗔怪，有些惊讶，当然更多的还是惊喜，老伴60多了还玩小秘密，而且一玩就是一年多。她这才算是发自内心地爱上珍珠了，愈发支持丈夫和儿子都投身到这个珍珠深加工的事业里去。

他决定“只做一件事”

在家人看来，沈志荣已经拥有足够的耐心和坚持，这是成功的不二法门，但沈志荣自己却觉得这样还远远不够，在珍珠这条路上，没有侥幸，只有竭尽全力，真正千锤百炼，才能看见希望，看见奇迹。

执掌欧诗漫集团以后，回忆父亲当年的辛劳，年长的伟新比弟弟伟良记得更多。

关于那个珍珠养殖业至今仍在使用的立式网箱，不说沈志荣研究出这么一件东西花费了多少力气，单是网箱投入使用后，要将网箱从水里拉起来，没有几百斤力气就动不了。

伟新记得，父亲一个人就可以将网箱拉上岸，每次行动前，父亲会搓搓手掌，往两个掌心各吐一口唾沫，然后紧紧皮带，两只手一前一后抓住网箱的缆绳，大吼一声往上提，父亲的额角和双手青筋暴起，网箱就缓缓地往上升。

有一次父亲得意地问他："怎么样，伟新，爸爸力气大吧？爸爸全靠力气。"

沈志荣靠着这股斗志，真没少干力气活。

手下都是女员工，没有助手，他就自己泡到水里，一站就是三五个小时。水里泡久了，不但泡得手脚起皱、发白，而且全身皮肤青紫、嘴唇发乌，上岸后又不懂保护和休息，每天都在腿脚胀疼中度过。

人工繁殖三角帆蚌那阵子，必须要日夜往大水缸挑水，保证24小时有流水，水产大队人人要挣工分，壮劳力都捕鱼去了，基本都是他一个人做，天气凉，穿个短裤去挑水，一趟又一趟，肩膀、手腕因此落下了毛病。有一次，他把汗衫脱掉，让员工去按他的肩膀，上面一处高高耸起的硬块，都是当年扁担压出来的。

欧诗漫渐入佳境后，他去听一位教授讲课，听教授讲到《孟子》"天将降大任于斯人也，必先苦其心志，劳其筋骨，饿其体肤，空乏其身，行拂乱其所为，所以动心忍性，曾益其所不能"

这一段时，他犹如醍醐灌顶，深觉古人之智慧非凡，如今回想起来，他当年的劳苦和忍耐，不正是为了他的珍珠能顺利走到今天吗?

但当年，没有人会对他说：沈志荣，你今天的辛苦就是因为明天你要成功。

劳苦的日子一天连着一天，实验却是失败一个接着一个。

沈志荣咬着牙根坚持，他说他从不害怕失败，也可以接受失败，但不能接受没有尝试就妥协的人生。

白天选蚌，晚上研究寄生、接种、试种……成百上千个河蚌，一个个检查，是否成熟。

培育珍珠让沈志荣名声在外，在十里八乡每次被提到时，人人翘大拇指；但在人工繁殖三角帆蚌方面，他却屡屡败北。

第一年没有成功，第二年、第三年……依然失败。

二角帆蚌繁殖一年一度，这次没成功，等待下一个河蚌繁育期，需要半年甚至更久。沈志荣觉得，等待三角帆蚌重新交配的时间，比等待珍珠发亮的时间更为漫长。

最让他感到头疼的是，因为缺乏帮手，研究之外的工作也需要他亲力亲为，这让他无法集中精力、更有效地推进实验进度，因此浪费了很多时间和精力，常常导致河蚌繁殖工作停滞不前。

他曾试着“避轻就重”，简化一些不是那么紧迫的事务，而专注于更为重要的工作，记事本上的“本周需要做的几项工作”，变成了“本周最重要的三项工作”，再精简为“本周最重要的两项工作”，但成效并不大，有时候，他扳着手指头，想想那些千头万绪的事务，就有些绝望。

“就算技术还不熟练，珍珠都让我养出来了，这么正儿八经的养河蚌，怎么反而搞不出来了？怎么才能找到问题所在？”

他决定“只做一件事”，就是记录。

那以后，无论走到哪里，他都随身携带一个工具箱和一本笔记本，箱子里配备温度计、塑料铅笔盒，以及研究河蚌的各种小工具。温度计用来记录水温和天气，小工具则要随时观察鱼、河蚌的生长情况。

1973年5月19日，水温23℃，天气阴，河蚌外边缘向外延伸，呈褐色……

一年中，适合河蚌植珠的时间主要看水温，如果水温低于18℃或高于27℃，植珠后的河蚌死亡率很高，因此每年的3月下旬至6月上旬，以及9月中旬到11月上旬，是最佳时间。

三角帆蚌人工孵化对水质要求高，应具有流水、高氧的特点，以满足孵化的需要。选择母蚌时以个大体壮，闭壳能力很强，贝壳完整、色泽光亮为标准。蚌龄以4～6龄为最好，每年5～7月产卵。

宿主鱼选择性情温和，游泳缓慢的鱼类，其中以9～12厘米大小的黄颡鱼和鳙鱼为佳，要精心饲养管理。每日投放饲料2次，日测水温3次，即8时、12时、17时各1次，求得平均值并记录累加。

……

除了日常纪录，本子上更多的是注释和经验描述，每一项都记录得非常详细。根据淡水研究所科研人员处学来的科研方法，他举一反三，总结出科学思维方式，归纳出共有的特性，得出理性的结论，再用这些理论指导并验证了自己的实践。

一本又一本笔记本，以他的心血为笔墨，记载了那几年他全部的努力和成果，几年下来，堆了他整整半间屋子。

多年以后，沈志荣想写一本关于河蚌育珠的书，将满满几箱原始资料交给了助理，请他帮助整理。当时，助理准备结婚正在装修房子，他母亲帮他整理房子，见几箱又旧又多的本子，占据了好大一个地方，也没跟儿子交代，全都当废纸卖掉了。

助理向他报告，他说当时自己真的两眼一黑，感觉心头被剜掉一块肉。绝大部分原始资料就这样被卖掉了，只剩下他自己保存的一小部分。跟随多年的助理当时自责到要引咎辞职，他不忍心过于苛责，书是出不了了，这事就这么揭过了。

但这件事搁在他心底，无论什么时候提及，都是毕生的遗憾。“所有的原始资料，对珍珠养殖来说，都是极为珍贵的，说没就没了。”

你不自杀干吗跳河？

沈志荣此生跳过两次河，都是为了三角帆蚌的人工繁殖。

第一次是1974年夏。

春去秋来，冬逝夏至，坚持做了三年记录后，沈志荣人工繁殖三角帆蚌的工作进入了第四个年头。

研究三角帆蚌繁殖远比养殖培育珍珠更为辛苦，后者起码还有三张油印纸的引导，但前者，仅沈志荣倾一人之力在摸索着寻求原理、探究方法，却一直没有突破。

沈志荣的内心越来越焦虑，人也越来越瘦，为了助眠，“安神糖浆”越吃越多。从前，在药物作用下，吃了药还能一觉到天明，但随着人工繁殖屡试屡败，他的精神压力越来越大，药物也渐渐失效，一夜惊醒数次是常态，人常常处在半梦半醒的状态，有时候，自己都分不清楚是幻觉还是现实。

这一时期，他的每一个梦都被河蚌占据。有时，是静静地站在深而宽的池塘边，池水清澈见底，潺潺流动的水，在阳光下闪耀着金光，四周是寂静的，他低下头去，隐约看见河蚌在池底缓缓游动；有时，他站在一条大河中央，摸不到一枚河蚌，因而惊慌失措，害怕得丧失了语言的能力；有时，他站在大河岸边，脚下波涛翻涌，手里领着的一串河蚌挣脱了桎梏，投奔河面，而他一动也不敢动，生怕失足掉到水里去……

他试着自我调节，一遍又一遍地对自己说，都已经搞出珍珠了，繁殖河蚌算什么，那也是早晚的事情，那只是梦。但一旦躺下闭上眼睛，噩梦就如影随形。

宿主鱼选定了，人工孵育鸡冠蚌也成功了，为什么同样的方法用在三角帆蚌上就不行？

是水质问题？

是氧气问题？

还是温度不对？

在梦里，他不停地问自己。各种奇奇怪怪的想法，跟五彩气泡似的，接二连三冒出来。他的妻子，常常被他吵醒，大约是在梦里想到了什么点子，他从床上蹦起来，胡乱穿件衣服，就奔到养殖场。

昏暗的白炽灯下，沈志荣拿着放大镜，对着河蚌细细探究。那孤零零矗在河边的育珠室，灯光一直亮到早晨。

睡眠不好，再加上各种烦恼和忧虑积压，他的神经衰弱让他看起来有些不正常。

他常常会对着湖面发愣，那呆呆的模样，有一种悲怆的孤勇。没有人知道，沈志荣在想什么，有时连他自己都怀疑，这么干坐着发愣有什么用。现实就像一潭表面平静的泥沼，水底下却充塞着翻滚的泥浆，越挣扎就越深陷。

终于，一天上午，雷甸水边突然传出一阵高亢的尖叫："不好啦！沈志荣要跳河啦，快来救人啊！"

人们跑出家门，看见水流急速的桥上，沈志荣摇摇晃晃地站着，衣服已经脱到只剩下内裤，他把手里的衣服裤子卷起来随手一扔，"扑通"一声，往下跳。奔腾往前的大运河，溅起半人高的浪花，一瞬间，就吞没了沈志荣。

岸塘边，几位渔妇扔下捣衣锤，吓得尖叫起来，有人转头往家跑，边跑边喊："孩他爹，快来救人呐！"

越来越多的人往河畔涌过来，几个壮年渔民，正打算往河里扎，而他的头突然从河中央冒出来，脚下奋力踩着水，一手高举着一只大个的三角帆蚌，一手捏了把黑乎乎的淤泥，高喊："就是它，就是它！"

声音里充满了不可置信的快乐，他就差在水里跳起舞蹈来了。

最先叫起来的渔妇摸了一把汗："阿荣啊，你要赫死人啊！原来你不是自杀啊！"

"自杀？！"泡在河里的沈志荣呆了呆，有点丈二和尚摸不着头脑，"哈，我怎么会自杀啊？"

"阿荣啊，你这几天神志不清的，我们怕你搞什么河蚌搞成神经，想不开呀。"岸边的人群个个如释重负，指着沈志荣笑骂几句，也就渐渐散了。

沈志荣乐颠颠地，在河里转了几圈，只觉得有种"柳暗花明"的畅快。

前后就这么几分钟，他简直像从地狱上到了天堂。就在几分钟前，神思恍惚的沈志荣，感觉自己的噩梦快变成现实了，他觉得自己是搞不成三角帆蚌的人工繁殖了。

有那么一瞬间，无力感充塞了内心，但强烈的不甘心在心里说："沈志荣，你就这么妥协了？想想你的初心。"

他细细回想最初开始培育珍珠的时光，那时，他和小伙伴们一起跳进河里，在深水处摸河蚌的情境，那些水流平缓、淤泥厚积的地方，一般是找不到三角帆蚌踪迹的，只有在有一定速度的浅滩泥质底或浅水层中，用脚踩到略微凹陷的坑，那个地方十有八九会有三角帆蚌。

淤泥！对了，是淤泥！

好像被闪电击中的，沈志荣的脑海灵光乍现，内心在狂喊："淤泥就是答案！"

他跳进了大运河，在淤泥肥厚的河床，摸到了一只肥美的三角帆蚌。

他猜对了。

"我猜对了！"他湿淋淋地走回家，手里紧紧攥着那把淤泥，连衣服都忘了拿。

妻子上班去了，不在家。他在这间10多平方米的小屋里，转了一圈又一圈，经历了长时间的失望，这巨大的希望，使得他的心情久久难以平复。

终于他把手里的淤泥装到一只陶碗里，洗了手，坐到写字桌前，将今天的发现，仔细记录下来。

他想，他终于找到了钥匙，这收获，就算让他再跳几次河都愿意。

第二次跳进大运河

几天后，沈志荣果然又跳了一次运河。

为了研究适合三角帆蚌生长的淤泥，他去几个地方挖了些淤泥，和自己在大运河里摸上来的那把泥，分别密封装进玻璃管，拿到杭州的浙江农科所，请实验室帮忙化验成分。他想，也许是淤泥里的腐殖质、微生物的量，左右了三角帆蚌的栖息。

但结果却出人意料：两者几乎没有区别。

搁下电话筒，沈志荣备受打击："难道我又错了？"

原本以为迎刃而解的问题，如今却又像天边的星子，风一吹，就调皮地躲进乌云背后，始终不肯露出真容。

沈志荣脱掉衣服，又一次跳进大运河。

此前，他只关注河蚌本身，以及繁殖过程的人工干预，整天忙着挑水，却忽视了钩介幼虫寄生发育后，稚蚌沉水的首个生存环境。

他确信，育蚌的泥底和水流，一定是河蚌繁殖成功的关键。面对麻烦和问题，他再一次选择了他一贯的做法：面对它，解决它。

他决定再试几次，这一次，他要潜到湖底，零距离感知三角帆蚌生存的水环境。

三角帆蚌生存在水深四五米、水流速度略快的地方，那时没有潜水设备，沉底就靠一口气憋着，水中压力大，眼睛睁不开，只能手脚并用，去探河床的动静。沈志荣潜到水深三米处，耳膜就开始发痛。一次潜下去，在水底最多待1分钟，就要浮出水面换气。

无数次地换气，无数次地潜沉，他发现了曾经被自己忽视的现象：三角帆蚌出没的地方，多是河床淤泥少，水流较快且清澈的河段。而之前，他都会将培育箱放在水深3米处，这个深度的水体腐殖质太多，腐败淤泥大量沉积，幼贝在这恶劣环境中很容易窒息死亡。

后来，沈志荣感叹，他总以为自己给幼蚌营造的是最好的环境，谁知恰恰偏离了它最原生态的自然环境。

为了模仿三角帆蚌的生存环境，1974年，沈志荣开始用网箱做对比试验，终于成功繁育了36个三角帆幼蚌，这决定性的试验成果，证实了沈志荣的猜想。

第二年，他用毛竹做了六个网箱，用塑料薄膜铺底，不放泥巴，吊在固定框架上的，找到水质好的宽广水面，将网箱沉在水下80厘米左右的地方，开始用新的方法繁殖。两个多月后检查网箱，河蚌的繁殖和存活比例相当高，每个网箱有一万至一万五千个三角帆幼蚌，每只三四厘米那么大，乐得沈志荣直呼："真是不得了！"

这种网箱浅吊法由于简单易行，成本低、小蚌成活率高，且规格整齐，产量大，日后被广泛推广。而这时的沈志荣还意识不到自己又创造了奇迹，他一边强忍着内心的奔腾，一边攥紧绳子，放下网箱，又仔仔细细地系牢绳索，再三检查了一遍，确定安全稳固无误后，这才拿起船桨，从自己的实验基地，死命地往渔村划。

或许是真的太兴奋了，原本一个多小时的路程，他竟只用了半个多小时就划到了，说话的声音也变得很洪亮，大声且急促，"成功啦，河蚌养成功啦"。

望着船上沈志荣那欣喜若狂的样子，岸上的人却是一脸惊愕。

这个时候的人们，还根本没有意识到：三角帆蚌人工繁殖技术的成功，将为珍珠养殖带来革命性的影响。

后面几天，沈志荣一直不敢相信，三角帆蚌的人工繁殖，他是真的搞成了。他一遍一遍跟周围的人确认，得到肯定的答案之后，走在路上还会掐自己一把，看看自己是不是又在做梦。

他高兴得几天几夜都睡不着觉。

从前梦见自己跳进河里看河蚌到底怎么长出来，如今好像“梦想成真”，他是真的跳到河里去，最终找到答案了。

这时，距离沈志荣独自钻研河蚌养殖已经过去六年。

沈志荣跳河摸淤泥这件事，曾是雷甸人茶余饭后的笑话。但很快，人们震撼地发现，他又创造了历史。

1976年，成功培育了60多万只三角帆蚌的雷甸水产大队，迎来了大生产突破年，第二年培育的三角帆蚌更是达到了100多万只，第三年扩大到150多万只。

全国各地的育珠人，又一次云集于这个江南水乡，广东、广西甚至东北，前后有19个省市来取经，只因雷甸水产队的珍珠养殖场，是全国第一家拥有“三角帆蚌人工繁殖技术”的养殖场。在珍珠蚌源稀缺的情况下，即使是品相不好的珍珠最贵也能卖到4万块一公斤。

采用人工的方式繁育三角帆蚌，可人为控制河蚌三角帆蚌的大小、成龄的时间，方便批量采收，有利于三角帆蚌的规模化、标准化养殖。

人工淡水珍珠的养殖技术已经透明化，全国水产队一哄而上，淡水珍珠养殖在全国遍地开花，鄱阳湖、洞庭湖两地成为养殖场寻找蚌源的集散地，蚌源价格水涨船高，当地一只三角帆蚌的价格由1毛飙升至1块，蚌源告急。

欲育明珠，先需取蚌，来参观学习的人太多了，还要管他们饭，镇里、水产大队直喊吃不消。但沈志荣又一次将自己的实验成果，毫无保留地传授了出去。

据德清县相关资料记载，1985年，繁殖小河蚌873万只，插种26.42万只，产珍珠2862斤。一个县的育蚌数字，就超过了日本全国全年的培育数量。

这是资料可考的官方数据。而事实上，早在1979年，雷甸育蚌的实际数量，很可能就已经超过日本全国了。

可以说，三角帆蚌大批量人工繁殖的成功，是中国珍珠产业真正起飞的第一个起点，不久后，中国一跃成为全球最大产珠国，占比高达90%以上。

他们的超前推着我们拼命跑

1978年10月到1979年1月，新中国发生了历史上最具深远意义的大转折，本着“实践是检验真理的唯一标准”，中国社会走向改革开放，重心转向了“搞经济、搞四个现代化”。

1979年11月5日，中国第一支珍珠行业的五人考察组，从北京首都机场出发，经过两个多小时的飞行，抵达了日本东京。

国家十分重视这次考察，五人小组由北京进出口总公司的张肃媛，上海工艺品进出口公司王新华、王永生，湖南研究淡水有核珍珠养殖专家张元培，以及浙江德清雷甸水产大队的沈志荣组成。这也是获得中国政府认可并派遣的第一支跨国珍珠考察组。

据说，沈志荣是当年嘉兴地区第一个出国“开洋荤”的普通百姓，审查都审了半年多，最后还是德清县委书记签字担保，才得以顺利出行。

为了这次出国，沈志荣不仅专程到北京花一周时间学习外交礼仪，还在出国服务部定做了一套中山装。这套衣服后来被挂在他的衣柜里，珍藏了三十几年，至今挺括如新。他还找人借了一套西装和三条领带。

和考察组其他几位成员不同，沈志荣的出访，是由日本方面点名邀请的。因为这年4月，日本淡水珍珠代表团以本田为团长，一行12个人，也曾受邀来华考察淡水珍珠养殖业。他们先后到访江苏苏州、上海青浦、杭州西湖，最后一站直奔雷甸。

自20世纪60年代以来，中国先后突破淡水珍珠养殖技术、三角帆蚌人工繁殖技术，并迅速推广至大江南北，重新奠定了珍珠养殖王国的根基。可在那之前，人工育珠方法在中国几乎失传，而日本人从中国养珠人那里学到了养珠诀窍，并在此基础上研究出游离珍珠的培育技术，从1928年开始就独霸世界珍珠市场。

但此次的中国之行，却让日本代表团大开眼界。“大家都是行家，一看就明白，就数量规模而言我们已经全面超越了日本。”

于是，在日本淡水珍珠代表团回国不久，沈志荣就收到了他们的邀请函。

落地东京后，沈志荣第一次体验了自动扶梯、新干线火车、高档酒店，还吃到了大龙虾和日本白米饭。高效有序的生活秩序和丰富的物质环境，让沈志荣一行非常吃惊，他们第一次体会到了社会经济高速发展下的富裕生活。

更震撼的在后面。随后，经过东京、神户、鸟羽和琵琶湖的珍珠探访之旅，亲眼看到了日本珍珠的深加工技术后，沈志荣不得不承认，现代珍珠的养殖技术、深加工开发是从20世纪初日本兴起的，和中国粗放式的养殖生产相比，日本的珍珠养殖，无论技术还是加工水平都超前太多了。

在东京，中国考察组参观了珍珠交易市场和银座的MikiMoto珍珠店，第一次了解了市场经济下的珍珠交易规则和行情。随后，他们赶赴大阪参观珍珠深加工基地。在一个农业研究所，沈志荣第一次看见，珍珠通过放射性元素“钴”的照射，可以被“染”成各种颜色，这让他目瞪口呆。

在“珍珠之城”神户，这个后来被誉为世界珍珠交易中心的城市，汇集了全世界的优质珍珠。这座城市因为珍珠而珠光熠熠，向世人彰显着日本珍珠业的繁荣。无论是日本珍珠的交易、加工还是珍珠化妆品研发，都让沈志荣叹为观止。

离开神户，他们来到三重县志摩半岛东北端的小城鸟羽。日本关于珍珠的故事源流，就在这座城市——近代人工珍珠养殖的开创者、被誉为日本“珍珠之父”的御木本幸吉，出生于鸟羽。

在这里，沈志荣一行走访了珠宝奢侈品商——田崎珠宝，这家创立于1954年的企业，既涉足珍珠养殖，也自有加工厂，是集珍珠养殖、加工、销售于一体的珠宝品牌商。在田崎珠宝，沈志荣了解到珍珠颜色、形状的筛选方法，以及等级划分标准。

一波接着一波的冲击，如此深切地洗刷了沈志荣对珍珠行业的认知，他觉得自己是刘姥姥到了大观园，什么都不懂，而自己此前取得的成绩，又是那么不值一提。

去日本前，他特意买了架“海鸥”120型双镜头照相机，在日本的46天里，他拍掉了近20卷胶卷。每到一处，他都留意收集文字资料，珍藏赠送品。

从养殖转到深加工的认识，是沈志荣此次日本之行的最大收获。正是从日本回来之后，他才开始有意识地布局珠宝、化妆品和保健品这三个与珍珠关系最直接、最密切的延伸行业。如今欧诗漫的发展，就是按照当时他参访日本后的设想去架构的。

除此之外，日本先进的企业管理机制，也令沈志荣受益匪浅。

中国淡水珍珠考察组的最后一站，是去往日本第一大淡水湖琵琶湖，这里是日本珍珠养殖业的生产基地和发祥地之一，出产的淡水珍珠，被世人称为“琵琶珠”。

考察组在琵琶湖逗留了十多天，大部分时间都在参观一家名叫“久保治一”的珍珠养殖公司。老板久保治一，是此前访华的日本珍珠考察团成员之一，和沈志荣相熟。一到琵琶湖，他就出面接待，并盛情邀请他们吃饭。

在饭桌上，久保治一介绍企业情况时表示，“久保治一”虽然是家族企业，但同时也是股份制，四个股东分别是他、他的妻子和两个儿子。这第一餐是他个人请大家吃饭，第二天，公司还会正式宴请大家，过几天，他们家庭还会再宴请一次。

这种对当时中国人而言完全陌生且新颖的企业管理理念，也是沈志荣第一次听到的新概念，一家子人竟然还分股份制？这让他第一次隐隐约约地意识到，家庭关系与企业制度之间需要公私分明，不能模糊不清。这种经营理念，后来深深融进沈志荣的血液，奠定了欧诗漫管理机制的基础。

久保治一是沈志荣这一生中最想感谢的人之一，在那十几天的相处中，他一直不厌其烦地教授中国考察组的成员，告诉他们珍珠培养、植珠的秘诀。他还向沈志荣发出邀请，希望能高薪聘请他做职业经理人。

后来，久保治一还曾两次派儿子到中国，称自己年纪大了，邀请沈志荣去日本做企业场主，并同意给予股份，但都被沈志荣婉拒了。来自专家同行的肯定，让他更坚定地相信，未来，中国的珍珠业一定会超越日本。

“他们的超前，就像推着我们跑一样，我们现在很需要跑。”沈志荣觉得，他也必须要跑起来了。若干年后，他发现了一档综艺节目《奔跑吧，兄弟》，觉得节目倡导的主旨和他的理念非常投契，于是邀请了该节目明星成员担任欧诗漫的品牌代言人。

是呢，他这辈子，不就是一直在跑嘛，在珍珠产业这条道路上从未停歇。

日本之行还让沈志荣重新定义了一个字：“丢”，日本人以实际行动告诉他，做人做事要懂得舍弃，唯有舍弃才能专注。那些一辈子只干一件事的日本匠人，正是因为舍弃了无关的枝枝蔓蔓，心无旁骛地做好一件事，才实现了自己的匠心，做到“专精”两字的精髓。

沈志荣读懂了“丢”字，这一辈子，他在重大抉择上，“断舍离”了两次。

第一次，是后来他当上雷甸村支部书记，让村里“丢”掉了六个产业，只保留养鱼和珍珠这两个主业，“我觉得这两样做好就够了，那些年年亏损的产业没有存在的价值”。

第二次是在2004年，欧诗漫当时已是大规模集团公司，投资了不少除珍珠以外的时兴产业，每年给公司增加了不少盈利，但沈志荣说服了股东和高管，把这些和珍珠无关的产业一一清离。

也是从第二次的“丢”开始，欧诗漫真正走上了正轨，从此再未偏离珍珠这个主业。

珍珠蚌瘟来袭

从日本回来后，沈志荣筹划创办一家以珍珠为原料的化妆品公司，他想着手从淡水珍珠养殖业延伸到深度加工的行业下游，让自己的珍珠跑得更快些。

然而，就在这时，一场席卷苏浙所有珍珠产区的蚌瘟惨烈来袭。

三角帆蚌人工繁殖技术研发成功后，随即在各地大面积复制推广，“要想富，养珍珠”的口号天天被广播传颂，不仅仅是渔民养珍珠，很多并没有太多珍珠养殖经验的社队农民，也都涌进来养三角帆蚌种珍珠。

于是，三角帆蚌就像是被圈养的山羊，不断地超速繁殖、繁殖、繁殖，不同区域之间，三角帆蚌高频交集。伴随着集约化、高密度养殖，恶果随之而来。

1975年，在江苏省吴县（2000年12月已撤消，改设苏州市吴中区和相城区）黄埭公社，首次发生了三角帆蚌得病并大批死亡的现象。苏州浒墅、吴县一带水网交错、水质清澈，也是淡水珍珠之乡。蚌瘟爆发时，发病死亡的育珠蚌数达200万只，一死一大片。此后，就像是潘多拉的魔盒被打开，到1979年，整个苏州区域的三角帆蚌已经死得所剩无几。

沈志荣去日本前，德清虽然也有鸡冠蚌发生细菌性病变，但蚌瘟病还未大面积爆发，等他回国，情势的严峻已经超出他的想象。

来自江苏疫区的三角帆蚌很便宜，蚌主们急着赶在三角帆蚌死亡前脱手，他们四处贩卖，试图挽回经济损失。在没有任何检验的条件下，病蚌很难被甄别。沈志荣只能告诫嘉兴地区的珍珠养殖户，千万别去江苏购买三角帆蚌，否则会把疫病传染过来。但是农民没有火眼金睛，江苏的小三角帆蚌两分钱一只，大的五分钱一只，贪图便宜的珠民大量收入。

1978年，“瘟神”笼罩上海郊区青浦、嘉定、松江、川沙等县，这些地方的蚌病先后蔓延。浙江，尤其是邻近的嘉兴地区，也有很多当地农民买进病蚌，因此成为最早被传染的地区之一。嘉善、秀洲、海宁等地，就像是恶性肿瘤患者，病灶的癌细胞不断爆发出来，并陆续蔓延至皖、赣、湘、鄂等省，在全国主要珍珠养殖区域大面积爆发。

疫情蔓延和发展速度之快，超出所有人的想象。各地的养殖场请科研单位来给三角帆蚌诊断，他们根据生产中的发病情况，对蚌病的流行和发病机理进行探讨，对蚌病诊治作了研究，却结论不一，没有人能搞清疫病真正的原因，也拿不出什么有效的措施。

因为他是众所周知的养珍珠能手、三角帆蚌人工繁殖专家，所以也被请去把脉。

他第一个去的病蚌养殖现场，没有搞自繁自育，三角帆蚌都是买来的，养珍珠的池塘互相贯通。观察了几天，他自己也想不通珍珠蚌为什么会这样成片成片地死去。

束手无策之下，他试着建议，用次氯酸钙杀菌试试看。

次氯酸钙俗称漂白粉，这种东西能杀菌，但是有毒性，容易让河蚌、鱼类也死掉，但这时候只能死马当活马医了。

他还建议，找地方挖坑将死蚌撒石灰埋掉，这样做既能预防疫情二次传播，也可减缓传播速度。

走投无路的珠民们疯狂采购漂白粉，漂白粉一船一船地运到河塘，几百公斤、几百公斤地泼，河里的鱼几乎都死光了，翻着肚皮飘在水面，河水发出难闻的恶臭，但这没能阻止珍珠蚌的死亡。

雷甸水产大队的三角帆蚌也未能幸免，尽管用尽了一切办法，上百万只三角帆蚌还是在几夕之间死去，劈开来看，里面的珍珠才刚刚成形。珠民捧着死去的三角帆蚌号啕大哭，但悲剧并没有因此终结。

到1980年，蚌瘟所及之地，三角帆蚌死亡总数不下2000余万只，给全国的珍珠养殖带来了毁灭性的打击。水产专家、科研技术员、珠民、蚌民，面对这场灭顶之灾，毫无还击之力。

沈志荣觉得，不能再这样听任下去。做化妆品的计划不得不搁浅，他得先阻止珍珠蚌的灭绝。

跟之前每一次突破一样，他决定还是先通过观察和解剖，从摸清三角帆蚌蚌病的主要症状做起。

在他自己保留的那部分三角帆蚌观察笔记上，这样记录蚌病的症状：

集中流行于夏秋季节，发病当年的死亡率达80%，存活下来的三角帆蚌在下一个发病季节仍会继续死亡，存活率接近于零。

很奇怪的事情是，得这种病的只有三角帆蚌，鸡冠蚌一般不会被感染。更奇怪的是，当年繁殖的三角帆蚌不会感染发病，发病的都是一年以上的三角帆蚌。

……

在人类的记忆里，出现过无数次瘟疫，诸如鼠疫、肺结核、禽流感等，好些与动物相关。在农村，孵一窝鸡仔，就最怕碰到鸡瘟，一个村一旦有只鸡闹鸡瘟，没几天就能殃及全村。

沈志荣怎么看怎么觉得，三角帆蚌这次闹病和鸡瘟病有点相似。

或许可以借鉴一下鸡瘟病的治疗方法？没有别的办法，有一点希望就想试一试。

他跑到医疗仪器商店和书店，买各种治疗鸡瘟病的器械和书籍，看不懂就问，请教兽医、水产专家。先是试着将动物的兽药和人用的药混合，金霉素、呋喃西林、高锰酸钾甚至中草药，都拿来做实验，给大量病蚌打针。

大夏天的，他满头大汗地给三角帆蚌打针，最多的时候一天打40 000多个蚌，打到手都起泡，虎口合不拢。手套每天要换三副。

三角帆蚌病蚌数量越来越多，打针已经来不及了，沈志荣就买了几公斤金霉素药粉，把蚌洗干净，放在水泥大船里直接浸泡。

这样也没有效果。

沈志荣还去学习了其他地方的治疗方案，可是无论如何，蚌病不见起色，三角帆蚌死亡率仍居高不下。

隐约间，沈志荣心里浮现一个想法：也许三角帆蚌的并发症原理和鸡冠蚌那个病不同，也许这个感染病不是细菌性传播，而是病毒性感染。

随着时间的推移，沈志荣越来越确定，自己的推测，恐怕是对的。

实践出珍珠

在全国上下都对三角帆蚌瘟一筹莫展之际，哪怕一丝一毫的亮光，都需要被重视。

沈志荣天马行空充满想象力的实验又开始了。

从来病毒怕高温，既然药杀不死，他决定试着从这方面入手，做一做给三角帆蚌升温的实验。

他从杭州中山中路上的仪器商店里，买入电热棒、计时器、温度计，自己做了简易的加温定时器，将三角帆蚌放进水池，进行定时定温加热杀菌，了解病毒在多少温度能被杀死。

只是，病毒还没杀死，实验蚌先死了。即便是短时间高温，对于水生物种也是致命的。

此后，沈志荣又陆续设计了几种实验方式，均以失败告终。他从中得出的唯一结论是：自己对病毒专业知识缺乏足够了解，必须同专业病毒科研单位合作才行。

沈志荣找到浙江医科大学，想与高校科研部门携手，研究三角帆蚌集中养殖导致的瘟病问题。

全国范围内爆发的三角帆蚌发病的消息，早已引起高校科研部门的关注，但他们结合沈志荣带来的数据，结合他们的实验样本，对照分析后，认为致使三角帆蚌死亡的原因不是病毒，而是霉菌。

这个结论与沈志荣的判断相悖，他认为，假如真是细菌性疾病，注射抗生素后，病蚌应该能够治愈才对，但他实验的结果是，注射抗生素后的病蚌发病时间更长了。

双方都无法说服对方接受自己的观点，放弃了合作。

有人告诉他，或者可以去上海找找机会，上海水产大学病毒分离研究所有一种仪器，据说可以进行病毒分离。这种技术在当时已经相当先进了。

于是他独自坐车去了上海，几经辗转，通过一个水产研究机构，找到了医科大学的实验室主任，请他们将致病的病原体帮忙分离出来。

这位实验室主任，时隔多年还记得第一次见到沈志荣的情景：消瘦的年轻人，穿一件浅色的确良衬衫，脚上套一双解放牌胶鞋，满面风尘，手上拎着一只鼓囊囊的布袋。打过招呼后，他便把布袋口子解开，里面装的是一口袋的三角帆蚌。

主任很惊讶，他从来没有遇见过这样一个跑到大学里搞什么三角帆蚌病毒分离的渔民。

沈志荣也不见外，讲述了自己和珠民遇到的情况，说到激动处，声音不自觉地高亢起来。

主任能感觉到年轻人心里的焦灼，对肆虐全国的蚌瘟也有所耳闻，最终答应帮沈志荣分离病毒。

在实验室分离病毒没有沈志荣想象的那么简单，不是他自己在雷甸的时候，用仪器搅拌研磨一下，随便震动摇一摇就可以了，它是一门繁琐细致的科学，有一系列的步骤。如果分离获得的病毒不止一种，后续还要不断进行接种、检测和分离，以确定分离出来的病毒种类及其亚型，确定病毒会不会产生细胞病变等。

沈志荣不是医学专家，能描述的只是发病症状。实验室主任决定去雷甸看看。

主任到水产大队的时候，沈志荣开着艘汽艇去接。

说到这艘汽艇，还是沈志荣专门去嘉兴造船厂定制的。70年代末，德清县政府买了艘汽艇，马力大，速度快，沈志荣看着“眼热”，给水产大队打报告，说“德清水乡，交通不便，必须要有快速且机动性强的船只”，要求也买一艘。因为珍珠产业的收益，水产大队不缺钱，再者考虑到如今上门的接待任务越来越多，有艘汽艇接贵客，也是很撑门面的事情，于是同意了。1975年日本代表团到访雷甸，就是用这艘汽艇接送的。

主任在雷甸转了几天，进行了细致的考察，然后告诉沈志荣，做病毒分离，三角帆蚌的病原体要由水产队提供，直接送到上海医大，病毒分离检测500元一次。

20世纪80年代初，人均月工资才35元，500元可以买一台日本进口的索尼牌黑白电视机，但沈志荣毫不犹豫地答应了。

根据主任要求，沈志荣和助手先用刀把病三角帆蚌剖开，然后将软体组织粉碎打成浆，放进一只实验室专用的玻璃瓶里。

从雷甸到上海，有几个小时的路程。当时天气炎热，如果没有恒温、保温设备，等送到实验室，这些实验蚌肯定坏了。

沈志荣想了一个土办法。他买来一个大口径的热水瓶，在底下垫了十支棒冰，再把玻璃瓶放进保温瓶里面，用木塞子把瓶口牢牢塞住，就这样拎着热水瓶去了上海。

第一次病毒分离完毕后，为了判定分离到的病毒是不是致病病毒，需要对人工感染的三角帆蚌做研究，以确定人工感染的三角帆蚌是否会以同样症状发病死亡。

沈志荣当即带着实验室提取的致病菌折返德清，用浸泡的方法将病原体滴在养着健壮三角帆蚌的水缸里，等20天左右三角帆蚌致病后，再将致病的三角帆蚌打成组织浆，然后送到上海去分离；等新的病原体分离出来以后，再拿回来做盲传。如此循环往复，一代传一代，两年时间里，这样的传代感染实验，他们搞了十七次。

随着实验数据越来越庞大，比对结果越来越清晰，沈志荣的信心也越来越充足。但是当时，研究三角帆蚌蚌病的，不止他一个人，一些研究组织、个人，经常会在公共平台发声，公布他们的研究结果。只是，这些结果，往往和沈志荣的研究相悖。

其中就有当时全国最知名的一个专家，名叫倪达思，他是稻鱼共生理论的创立者、中国鱼病学创始人。此时，75岁高龄的倪教授，已经誉满全国。他研究了此次蚌瘟后，认为“三角帆蚌的病原主要是细菌感染”。

沈志荣一直对这位泰斗级的水产科研老专家很敬佩，但这一次，对于倪教授的观点，沈志荣却颇为怀疑。

他注意到，研究简报中有一处括弧：“试验数据由王迎喜同志提供”，他甚至怀疑这到底是不是倪教授亲自研究的课题。

尽管专业人士的研究结果与自己的论断大相径庭，他依然坚持自己的观点。

“论养蚌的专业，我的经验没有人能比。”沈志荣信心满满，动起了自己搞研究所研究珍珠的念头。

1983年，德清珍珠研究所成立，这是由沈志荣一手操办的研究所，也是中国第一家由民间资本创立的珍珠综合研究机构。

在这家村级研究机构里，沈志荣担任了所长。

研究所的第一个攻关课题，是当时农业部下达的“三角帆蚌蚌瘟病防治技术研究”。

一个小小的研究所承担国家级的课题研究，这对村里来说，是莫大的荣誉。

水产大队爽快地拨了资金。

就这样，这个小研究所，没有用一分钱的国家经费，马上开工了。

这年夏天，沈志荣去了一趟杭州，到省水产局研究所汇报工作。

在淡水养殖处办公室，一个刚从部队调来的新干部笑着说：“你这个研究人家已经搞出来了，你还搞这个干吗?”

沈志荣用眼睛一瞥，竹筒倒豆子一般，把自己对倪达思教授那篇简报的看法，和自己的研究成果，认真地对比了一通。

那位干部可能没有遇到过这样耿直的不讲情面的人，面上有些挂不住，便把搪瓷杯往桌上重重一放，拿出了威严，开始教训沈志荣“要谦虚”，“不要浪费时间”。

这种质疑和嘲讽，这些年沈志荣经受得多了，已历练出强大的内心，如今根本不会放到心上去，该做的事情，他照做不误。

两年后，实验结果终于出来了。上海医科大学生物物理教研室实验室的报告结论指出，蚌瘟病是由某种病毒引起的，沈志荣是对的。

1986年6月出版的《浙江水产学院学报》上，刊登了德清淡水珍珠研究所沈志荣、李欣扬以及上海医大生物物理教研室潘鸾凤、曹式芳、李丽春、吴展琪的联合署名文章——《三角帆蚌蚌瘟病病毒的分离及其生物学特性的初步研究》。

文末，研究小结如是写道：“三角帆蚌瘟病有关单位过去一直认为是由点状产气单细胞菌感染所引起的，根据我们试验结果证明是由三角帆蚌消化系统病毒感染所致。”这算是给沈志荣坚持的一份澄清和表白。

从1975年中国首次发现蚌瘟病，1978年后连续发生大面积传染，到1982年国内开始研究蚌瘟病的病源，直至1986年，首次确认蚌瘟是一种病毒性传染病，竟然整整过去了11年。

事后，有人这么评价沈志荣：沈志荣是个现实主义者，而非功利主义者。

花费了那么长时间，付出了那么大的代价，结果只在刊物上发表了一篇文章，连病毒的名称都没有命名，沈志荣就结束了农业部的这项国家级科研项目，转而去研究如何防治病毒了。

当时有人劝他趁热研制疫苗，他后来还是放弃了。他觉得研究疫苗代价太大，而且也超出了自己的能力范围了，再者，他知道三角帆蚌这种低等动物，只有吞噬细胞，没有免疫细胞，没有抗体，疫苗怎么研制？他就考虑改变方向，从治疗转向预防，想办法隔断病毒的传播。

“既然是病毒传染，只要隔断三角帆蚌与病源的传播媒介就行。”他研究出来的防治办法很简单，即自繁自育蚌苗，对育苗执行严格的检疫制度，严格消毒控制养殖水源，严格遵守插种无菌操作及病源水体隔绝。

沈志荣研究总结的三角帆蚌“蚌瘟病”综合生态防治技术，使当年插种的育珠蚌成活率从原来的20%提高到了90%以上。

珍珠蚌的养殖即使发展到今天，基本也是采取这种办法防治蚌瘟。沈志荣说，这个病，他一搞就搞了六年，但现在40多年过去了，蚌瘟病依然没有良药可医，重点只能放在防病上。

1993年，杭州大学生物研究所所长毛树坚教授，带着两个学生来到德清调研，他们到雷甸水产村找沈志荣，提出希望能科研合作。沈志荣慷慨地将多年的三角帆蚌病毒研究资料倾囊相送。

不久，国际专业学术刊物《病毒学报》，刊登了一篇题为“三角帆蚌瘟病病毒的精细结构与基因组及多肽的研究”的文章，揭示了蚌瘟病之谜，认为病原体可能是嵌砂样病毒科的一个成员，暂定名为三角帆蚌瘟病病毒，成为广大水产同行和研究者广泛借鉴的研究成果之一，引起了业内轰动。

作者署名栏上，沈志荣的名字赫然在列。

渔村发财了

1990年12月，三角帆蚌蚌瘟病防治技术研究课题经部级鉴定，先后获得了国家科委、国家农委颁发的科技进步奖、浙江省人民政府优秀科技成果、嘉兴地区科学成果一等奖。沈志荣发明的那套三角帆蚌蚌瘟病防治技术，随后在全国范围内推广。

此时，雷甸600多人的水产大队集体年收入达到200多万，其中90%来自珍珠创收，沈志荣的大名，在当地已经无人不晓。

请他去做报告的人络绎不绝，但是他还是和从前一样，说话从来不藏着掖着，将自己的一切都教给他人。

不过，沈志荣并没有得到什么。那时候讲究奉献精神，更别说什么专利概念了，他的研究成果全部献给了他所在的雷甸水产大队，让大队发了财。

面对致富的左邻右舍，沈志荣内心的成就感无法言喻。

那时候正值改革开放，在国家政策的支持下，农村承包制在大江南北推广开来。人们尝到了甜头。

珍珠养殖技术进一步成熟，珍珠养殖的热潮也在江浙各地兴起。

这样一来，能养殖珍珠的封闭河塘越来越少了。怎么办？头脑灵活的沈志荣当然不会将眼光局限在德清，他提出建议：跳出德清，去更远的地方寻找更好的水质养殖三角蚌。

这个任务还是压在沈志荣身上，他们先是在海边找到一个湖泊，但幼蚌刚刚放下湖没多久，一次大涨潮，海水倒灌，淡水河蚌一下子都死光了。

第二次，他们吸取了教训，在内陆找了一口人工湖，其实就是宁波慈溪的一个水库，这次不用担心海水倒灌。但没想到，水库水质营养不足，三角帆蚌生长很慢，这次试验又不成功。

此时的沈志荣，经历过头些年的失败锤炼，似乎都不太着急，他把失败看作了全力以赴的动力。

“你看，我们至少知道，接下来得找到一个水质比较肥沃的封闭性的淡水湖泊。”他这样安慰他的同事。

浙江省水产局的一个处长得知后，建议他们去浙西某县看看，那里有口不错的水库。

沈志荣赶紧带着两个助手跑过去。

水库水域面积十平方公里，四面环山，果然生态环境极好。

正值冬季，湖面都结了冰。不像北方，中秋一过，风吹落叶，满目萧条。

江南的冬天，就是经了严霜，也是层次丰富的冬。沈志荣见水库周围，青山迢迢，有不落叶的乔木，这一丛那一丛，点缀着湖山如生烟云，格外醉人。

沈志荣深吸了几口清新空气，用仪器测水样，这一检测，把他乐坏，直叫“踏破铁鞋无觅处，得来全不费功夫”。

这里的水电导率很高，PH 值稍微偏碱。他凭着多年的经验立马判断，此处的水源适合三角帆蚌生长。

他当即取了样水，带回研究所测水里的微生物情况。

30 多年前，用显微镜来计算水质中的微生物，已经是非常现代化的计算方法。雷甸淡水珍珠研究所成立之后，沈志荣就花了 20 多万元人民币给化验室配了一套实验设备。

这套设备在当时已是顶级。一台带有摄像机的显微镜，在使用时候可按下快门，随时记录显微镜下的检测情况。

检测结果下来了，微生物的情况符合三角帆蚌的生存需求，于是沈志荣很快与当地政府达成了合作意向：他们提供人力和技术支持，河蚌也由雷甸提供，双方共同投资，收益四六分成。

第二年春天，雷甸的河蚌就进驻了水库。

过了五个月，眼见插片母蚌个个都结了珍珠，当地某部门却忽然半路杀出来，他们觉得自己吃亏了，“既然三角帆蚌养珠能赚钱，堂堂国有企业为什么和一个村集体企业合作?”

合作方的出尔反尔，让雷甸人都心生愤怒，沈志荣倒是不怕，他也有大招应对。

那时候的沈志荣已经是大队书记，他召开党支部会议，号召全大队400余人，男女老幼一起出动，趁夜偷偷去那处水库，将自家的三角帆蚌全部运回来。

只有这样，才能维护村集体的利益。

行动开始了。

在一个沾着寒气的凌晨，武康镇上出现了十辆装载毛竹的卡车，拉着全村人，浩浩荡荡地出发了。

来到大坝，大家默不作声地直接动手，把水库里的珍珠蚌全都打捞了起来，连同当时提供的植珠设备，全都一起打包拉回了雷甸。

晨曦破晓，早起的鸟雀叫醒了朝阳，云层在金光晕染下，美不胜收。

刚刚起床的水库管理员打着哈欠，伸着懒腰走出门，望向平静的水库。他向水库里瞥了好几眼，总觉得哪里不对。他摸着头沿着堤坝走了几步，睡梦瞬间醒来——水库空了！

昨天还满满当当的水库里，如今空空荡荡。雷甸人种下的珍珠蚌，在一夜之间人间蒸发了！

当地政府气势汹汹，去雷甸找水产村理论。

沈志荣则带着几个村民代表，去水库负责方的办公室告知对方："经雷甸镇党委研究同意解除合作，但是我们带来的东西全部要带走，你们要养殖就自己搞。"语调斩钉截铁，无任何回旋余地。

话说完，人扭头就走掉了。

望着空荡荡的水库，所有人都傻了。没有技术，没有三角帆蚌，这个项目还怎么单干？

但毕竟是他们理亏在先，沈志荣的强势反击，他们毫无招架之力，这处水库河蚌养珠的事情，此后就不了了之了。

从水库里捞出来的足年三角帆蚌，运回雷甸后，放进大海漾继续养殖，这里虽然因为蚌瘟病的缘故，已经五年多没有养过珍珠了，但经过这段时间的休养生息，再次成为珍珠的摇篮。

一年后，绍兴诸暨和苏州渭塘地下珍珠市场兴起，珍珠价格走俏，商贩纷纷找到沈志荣，提出收购意向。

当时，沈志荣脚上患了小疾，他就坐在家里等着这些珍珠商上门。

对方开价每斤八千块，沈志荣毫不犹豫地挥手：“没有一万块钱一斤不卖。”

这批原本该和别人四六分成的珍珠蚌，生产出来的珍珠最后卖了400多万。这几乎是雷甸水产村前几年的总收入，把所有人都高兴坏了。

百万人选一的农民代表

沈志荣在珍珠事业上的专注和努力，改变了自己，也改变了整个雷甸水产大队的命运。

1981年水产大队人均分配收入达到了1241元，当年在全国排名第八，仅次于闻名天下的江苏华西村、天津大邱庄、河南南街村等中国明星村。而当时中国8亿多农民，人均年收入还只有270元。

之后，集体收入数字继续增长。1983年达到1600元；1984年超过了2000元。

1982年6月17日的《中国农民报》上，刊登了一篇题为“育珠能手”的配图文章。文章的开头写道：“看那些晶莹的上等珍珠，让人眼花缭乱、爱不释手，那是浙江德清县雷甸水产大队育珠能手沈志荣15年辛苦的成果。得益于他的努力，去年全队人均集体分配收入1241元。”

“大队现有公共积累达200多万元，还造了三幢渔民新村，使115户社员都住上了宽敞的新房。”

这是沈志荣第一次被国家级报刊作为典型人物报道。上面还配了一张沈志荣给三角帆蚌插种的工作照，让当时打开报纸的沈志荣满脸通红，心跳不已。

1983年，在没有任何心理准备的情况下，沈志荣成了德清县耀眼的“致富领头人”代表，真正走到了时代的镁光灯下。

1983年6月，历时16天的六届一次全国人民代表大会在北京开幕，这届全国人大代表名额分配是按照“农村按人口每96万人选代表1人，城市按人口每24万人选代表1人”来确定的。

作为农村致富的典型，沈志荣被选为六届全国人大的农民代表，第一次走进神圣的国家会堂。并且，他是嘉兴地区从百万农民群体中选出来的唯一代表。

沈志荣确实当得起这个荣誉：在之前没有珍珠产业的时候，雷甸大队很穷，负债八万多元不说，社员每年人均分配到的收入只有一百来元。

沈志荣带头，村民们紧随，首先是物质生活层面的改变。村里但凡带电的家用电器，都是沈志荣第一个自己掏钱去购买的，黑白电视机、电饭煲、高压锅……而且，1979年他就拥有了价值300多块钱的上海牌手表，价值238元的永久牌自行车，价值376元的高档收录机，还有一架“海鸥”120型双镜头照相机。

但沈志荣之所以能成为沈志荣，关键不在于他比别人有钱或走在前列，而是他比其他人看得更长远些。当大多数村民对十里八乡的姑娘都愿意嫁到雷甸来感到欣欣然的物质优越感时，他却看到了一些不好的苗头。

雷甸水产大队有个村规，年满16岁的小孩可以参加集体劳动，就能按工分赚钱。由于当时珍珠产业兴盛，很多孩子念完初中就不想认真念书了，而是急着要回珍珠养殖场上班拿工资。

沈志荣对此很不以为然：“不读书怎么行？”

在别人坦然享受珍珠行业兴盛带来的幸福生活时，作为引路人的沈志荣却很清楚，他当年从那三张油印纸开始，从认不全上面的字开始，到现在，吃了多少苦，走了多少弯路——如果他的文化程度再高些，如果对相关的化学或者水产贝类知识有点基础，他也许可以走得更快些。而不是从毫无头绪的迷茫困惑开始，一步步探寻着往前走。

于是，在沈志荣上任村支部书记后，就规定，凡年龄在16岁以上的在校学生，都按同等劳力付给报酬。他想，如果这些孩子不去读书而直接去工作，那么短期内是能多赚些钱，但孩子一辈子可能也就只是个普通工人了。

在雷甸，确实有人因为沈志荣的这个决定，从根本上改变了一生命运。比如李欣海，当初就是想早早辍学去工作赚钱，但被沈志荣劝回来读书，之后考上了舟山水产学校，成为一名受过严格科班教育，具备系统、专业知识的水产养殖从业者，如今事业也已斐然有成。

一个提案他坚持提了五年

功成名就的沈志荣，继续被很多地方轮流邀请去传授致富经，讲插种育珠，讲三角帆蚌人工繁殖，等等。

这些凝聚了他20多年心血的技术，他都毫无保留地无偿传授给了更多人。于是，不仅他致富了，雷甸村致富了，还有更多珠农也因此过上了好生活。

后来居上的绍兴山下湖珍珠养殖、销售市场，也是在那时得益于沈志荣传授的技术而快速崛起的。

不过，随着更多人投身珍珠行业、产出更大批量珍珠投放市场，珍珠价格自然慢慢下跌。这时，沈志荣对珍珠进行深加工的想法，越来越强烈。因为，如果要让珍珠产业继续兴盛，开发珍珠新价值、开辟新的延伸产业，乃是必由之路。

改革开放初期，外国来华游客骤增。天坛是外国游客特别爱去的景点，不少外国游客逛完天坛，就溜达到天坛墙外的红桥市场里购物，珍珠是最受欢迎的商品。于是，一些浙江的农民就背着珍珠来到红桥市场寻找出路。

但是，国门打开了，并不等于市场就是一片坦途。

当时，珍珠和黄金一样，都属于二类商品，也就是国家统购统销、定点销售的商品，不允许市场自由买卖，不然会被判“投机倒把罪”，是要坐牢的。20世纪70年代，山下湖村民何木根从江苏带回一袋珍珠后，就因“投机倒把”的罪名被“隔离审查”数月之久。

改革开放后，经济复苏，老百姓也慢慢恢复了市场购买和消费能力。于是，各种“走私”交易随之而生，珍珠贩子们拎着几麻袋现金过来，到雷甸收购珍珠。

“都是现金交易，来去很快。”

说是“走私”，其实就是在统购统销的体制外进行交易，牟取差价。国家有关部门很快注意到了，国务院还专门下发通知，要求制止“违法乱纪的倒卖活动”；国家经贸部也要求关闭珍珠市场。农业部还派了一个处长，到诸暨珍珠交易市场去巡查。

那时的所谓市场，还相当简陋，其实就是在门口、过道里面，东搭一块板，西放一张凳。

上面要求取缔，但诸暨的书记、县长不干，他们梗着脖子说：“你要求我们关，可以，但是这些老百姓的生活怎么办？总不能让他们饿肚子去要饭吧。”

面对脱出僵化计划经济体制管辖的流通活跃，和乡村民众的致富热情，政府管理部门内部也态度不一。旧行业管理体制的松动成为必然，但谁来充当冲开传统管束的先锋呢？

作为珍珠行业的领军人物和全国人大代表，沈志荣责无旁贷地提出了自己的意见：放开珍珠经销权，同时将珍珠从二类商品降为四类商品，给市场松绑，让渔民和珠农采收的珍珠自由交易。

从1983年的六届全国人大一次会议开始，全国人大代表提案分为代表议案与代表建议、批评和意见（简称代表建议），这是中国人代会第一次实行议案制度。

沈志荣的议案和建议，被转到主管珍珠行业的国家经贸部，然后由其辖属的中国工艺进出口公司答复处理。

沈志荣是第六、七、八三届全国人大代表，前后连续做了五年关于珍珠自由交易、废止统购的提案。

沈志荣的意见，让国家有关部门的压力也很大。每次人代会开完，还没到家，经贸部的电话就追到浙江省了：“让小沈不要再捅娄子了，每年都在人代会上提意见施压力，我们吃不消啊。”

“我是人大代表，就是要把民声传达到大会上。”沈志荣的答复，延续了一贯以来认死理的坚持。

“渔民、珠农养殖的珍珠，既不让人收购也不让人买卖，你让老百姓怎么致富？怎么实现小康生活？所以，必须让珍珠实现自由交易。”

之前的日本之行，珍珠市场自由贸易带来的繁荣，深深震撼了沈志荣。他由此坚信，只有进行市场化的自由交易，才能真正促进中国珍珠行业走向新的繁荣。

沈志荣不仅自己写提案，还以实际行动支持珍珠的现货市场交易。1984年下半年，雷甸水产养殖公司选派三名青年，到北京农业部所属的一个加工厂住了几个月，学习珍珠打孔技术，还买了一台日本进口打孔机，用来加工珍珠首饰。

1985年，雷甸水产养殖公司出产的各种花式品种珍珠项链、耳环、戒指等产品投放市场，内部供应杭州、上海等各涉外宾馆。

行业龙头以实际行动支持珍珠市场自由交易，冲开了市场管制的缺口，行业市场流通和资源配置重建，由此成为大势所趋。

到1992年，国家正式取消珍珠统一经营制度和珍珠出口许可制度后，大批珍珠企业涌现，珍珠行业终于实现了由珠农个体经营向现代化企业运作的转变。

奔跑吧，月桂传说

沈志荣一直在时代的风口浪尖上奔跑着。

从1967年开始养殖珍珠，他前后花了八年时间研究如何提高珍珠质量；随后又花了五年多时间，研究三角帆蚌人工繁殖技术；三角帆蚌繁殖技术成功后，为解决三角帆蚌蚌瘟病的致病因问题，沈志荣又花了六年时间。

19年过去，当年那个被美丽的月桂树传说激发出无限好奇心的懵懂少年“小沈”，已经跑成了珍珠行业龙头的引领者，也跑近了自己的不惑之年。

率先研究出提高珍珠质量的技术，率先尝试三角帆蚌的人工养殖，率先攻克蚌瘟病毒的研究和防治课题……富有发散思维，并且敢于尝试，是他一直担当行业领跑者的关键，即便不是每个想法都有结果。

1982年，沈志荣在雷甸珍珠粉厂的基础上成立了浙江珠丽化妆品厂，又率先踏入珍珠护肤的深加工领域。

1983年，沈志荣去工商部门领营业执照，并打算给商品注册商标。

“每一颗珍珠都是用渔民的汗水养出来的，最大的利润应该是发展深加工技术，扩展产业链。”但这时，沈志荣发现，中国的珍珠行业内，还没有一家养殖单位拥有自己的珍珠深加工生产线。

“德清要做这个第一家。”沈志荣说，这就是他办珍珠化妆品厂的初衷。

要卖产品就要先有品牌，“总不能叫‘雷甸水产大队珍珠霜’吧”。他艳羡“凤凰”“孔凤春”那些名声响亮、如雷贯耳的品牌；他觉得，做人要堂堂正正，做事则要大大方方，做企业同样如此，明明白白卖产品，卖好产品。

于是，沈志荣骑着自行车来到德清县工商局，向好几位工作人员询问关于商标注册的情况，他们都摇头回答说：“破天荒，一个水产养殖场申请什么商标啊。”最后，沈志荣在县政府大门口遇到了工商局长，请他帮忙指点。

听了原委，局长拉来一位负责商标注册的小姑娘，告诉沈志荣说，局里也没几个人明白怎么注册商标，就让她去省里问问吧。

中国早在1904年就有商标制度了，这一年，清政府颁布《商标注册试办章程》，开始由清政府海关总税务司在津沪两地正式受理商标挂号（即注册）。经历晚清、民国，到建国初期，共有中华老字号17 000多家，但到20世纪70年代末，这些老字号几乎消失殆尽。

待到改革开放初期的20世纪80年代初，市场经济体系刚刚重新萌芽生长，工商局对商标注册的申报工作依然陌生。

多年后，回望沈志荣当年在行业里率先领营业执照、注册品牌商标的举动，它其实是品牌意识在中国广袤乡村的最初复苏。

1983年，在连续跑了几趟之后，沈志荣终于拿到了营业执照，还有“珠丽”牌商标申报批准书——这是沈志荣亲自定的品牌名称。工商局工作人员告诉他，“珠丽”是德清县第一个正式批准注册的商标。

从此，雷甸水产大队珍珠化妆品加工厂有了一个专名“珠丽化妆品厂”。

但沈志荣对这个“土土”的品牌名称并不满意。1993年，当时的德清工商局局长听说他想重新注册个商标，就向他建议说：“你应该把自己的名字放进去，不如就叫志荣吧。”

沈志荣连连说不好不好。局长又说，那至少也要放一个字进去，不如就叫“荣盛”吧。

沈志荣勉强接受了，但打心底不喜欢这个名字。“难过得晚上都睡不着，这个名字真的太土了。”

三个月后，他还是找到了局长说，要再改个商标名字，不然每晚想到这个事情就睡不着……哭笑不得的局长只好说“你改吧”。

沈志荣内心的企业发展蓝图，远不是中国第一珍珠品牌这么简单，他想要做的是世界第一，所以他想要的商标必须是国际化的。

最后，根本不会英文的沈志荣，兜兜转转用“欧诗漫”注册登记了商标，沈志荣还请人专门设计了“欧诗漫”的英文标识——“OSM”，开始奔跑在“珍珠化妆品第一品牌”的打造之路上。

OSM是“欧诗漫”三个字拼音的首字母，也正是桂花的拉丁学名缩写“osmanthus fragrans”的头三个字母，同时谐音“all smile”。

仿佛是他预设好的，月桂树下的珍珠传说，就这样在沈志荣的手里变成了现实，让广大爱美的女性梦想成真，微笑灿烂。

后记·沈志荣自述

（2016年3月，春日，雨后初晴。在这充满阳光和希望的日子里，沈志荣慢慢回顾了他这任性沉浸于珍珠美丽光晕中的50年历程。）

我这50年，是从“无知者无畏”开始的。人前是鲜花和掌声，人后是血汗、青春和寂寞。我的事业起点很低，几张纸加几根铜丝，这条路的艰难，一步步走过来，现在自己回头看看都觉得不可思议。我靠什么走到今天呢？是专注，和近乎痴狂的执着，以及去面对一个又一个挑战的勇气。人生是闯关，做事业也是闯关。

我觉得，当人痴狂到一定程度时，事情也就快做成了。现在很多人不想脚踏实地做事，就想着速成、一夜暴富，没有恒心，没有坚持，这肯定不行。

所以，我不喜欢八面玲珑、世故圆滑的人，反而喜欢那种略显笨拙却非常努力的人。我自己就是个做事认死理、看准一条路就会坚定走到底的人，除非你能拿出铁证说服我，让我心悦诚服地相信：我之前的想法是错的。

但是，不要因为我这么痴狂地专注于工作，就认为我是个单纯的工作狂。我爱珍珠，爱工作，也爱生活，工作是为了更好的生活，珍珠其实也代表一种生活方式和生活态度。

专注之外，我还觉得，做人做事视野一定要开阔，永远站在时代最前沿。思维方式必须始终跟上年轻人的节奏。

我现在快70岁了，不怎么管公司一线的具体事情了，但你们可能不知道，我有三个 iPad，三个苹果手机。

我随时会通过 iPad 了解产品的销售动态、发朋友圈，或者上网浏览时事和行业最新动态。公司里苹果电子产品玩得最熟的就是我，它能风行世界，肯定是有它的道理的，那就值得好好研究。所以，当时，我买来苹果手机后，所有员工都下班了，我还一个人一直坐在办公室里研究。

第二天，年轻的员工们就惊讶地发现，我已经把 iPhone 每项功能都研究透了，他们说：“沈董事长，你太牛了！”

我这一生，是和珍珠紧密相连的一生，从50年前的那个美丽传说走到现在，我还会一直走下去，还会和珍珠相伴，要知道，美容养颜产品，永远是全球的朝阳产业。国际上发达国家每人每年用于化妆品的消费是650美金，而中国只有每人每年601元人民币，仅为发达国家的十五分之一左右。

“我们要为国人带去健康和美丽，时刻铭记打造化妆品民族品牌的光荣使命。”

但是，我们坚持做珍珠，不仅仅是做大做强珍珠化妆品产业，而是愿意用生命去拥抱一种不可代替的独特之美。

如果可以是一颗珍珠，为何要做一粒沙？